U0664998

YUE FEI
岳飞的故事

王艳娥 ◎ 主编

榜样的力量

榜样的力量是无穷的，好的榜样能给我们积极的思想、正确的行为、良好的习惯、完善的人格。树立了榜样就等于找到了自己前行的方向。

榜样是无比强大的力量源泉。

北方妇女儿童出版社

版权所有 侵权必究

图书在版编目（ＣＩＰ）数据

岳飞的故事 / 王艳娥编著. -- 长春：北方妇
女儿童出版社，2010.3（2021.1重印）
　　（榜样的力量）
　　ISBN 978-7-5385-4459-6

Ⅰ.①岳… Ⅱ.①王… Ⅲ.①岳飞，
（1103～1142）—传记—少年读物 Ⅳ.①K825.2-49

中国版本图书馆CIP数据核字(2010)第045459号

岳飞的故事
YUEFEI DE GUSHI

出 版 人：刘 刚

责任编辑：张 力　刘聪聪　于 潇

开　　本：650mm×960mm　1/16

印　　张：12

字　　数：128千字

版　　次：2010年3月第1版

印　　次：2021年1月第6次印刷

印　　刷：三河市三佳印刷装订有限公司

出　　版：北方妇女儿童出版社

发　　行：北方妇女儿童出版社

地　　址：长春市福祉大路5788号

电　　话：总编办：0431-81629600

定　　价：33.80元

序言

"江山代有才人出"，在人类历史的长河中，涌现出一大批影响世界的风云人物。他们或者是杰出的政治家，凭着超乎常人的坚强毅力为国家和民族的前途引路；或者是卓越的科学家，为探索自然奥秘、改善人类生活而不懈努力……总之，他们由于在某一方面做出了杰出的贡献，已成为历史长河中的航标，引领着人类走向更加深邃的精神世界和更加精彩的物质世界。

这套丛书不仅告诉你名人成功的事实，更重要的是展示他们奋斗的历程，展现他们在失败和挫折中所表现出的杰出品质，从中我们可以吸取一些有益的精神元素。

这套丛书具有以下几个特点：

一是人物全面。本套丛书精心选取了从古至今全世界40位具有代表性的政治家、科学家、文学家、艺术家……这些人物均在各自的领域做出了卓越的贡献，对人类历史产生了重大影响，因此被广为传颂。

二是角度新颖。本套丛书不是简单地堆砌名人的材料，而是选取他们富有代表性或趣味性的故事，以点带面，从而折射出他们波澜壮阔、充满传奇的人生和多姿多彩、各具特点的个性。

三是篇幅适当。每篇传记约10万字，保证轻松阅读。本套丛书线索清晰、语言简洁、可读性强，用作学生的课外读物十分理想，不会加重他们的负担。

四是一书多用。本丛书是一部精彩的名人故事集锦，能够极大地开阔青少年的视野，同时还可以作为中小学生的写作素材库。

培根说："用名人的事例激励孩子，胜过一切教育。"榜样的力量是无穷的，而名人是最好的榜样，向名人看齐，你将离成功更近！

人 物 导 读

"青山有幸埋忠骨，白铁无辜铸佞臣"，这副有名的楹联含有强烈的褒贬意向。也诉说了一段千古奇冤。它所说的就是本书的主人公，岳飞。

颇具传奇色彩的岳飞的一生，是爱国的一生。他舍生忘死，一次次浴血疆场，只为抵御金寇，收复失地，迎请二圣还朝，维护宋朝的统治。他抒发壮志的绝唱《满江红》被后人广为传唱。然而他的报国之志却在君王的昏馈和奸佞的陷害下折戟沉沙。

岳飞是军事天才，是宋朝众多将领中最为金兵所畏惧的一员大将。他一生大小阵仗近百场，罕有败绩。他缔造的"岳家军"军纪严明，所向披靡，令金兵闻风丧胆。金军曾哀叹："撼山易，撼岳家军难。"

他抗击金军的行为符合了当时人民的愿望与利益。当时的金军行为野蛮，对汉族地区的生产生活造成了极大破坏。他坚决抗击金国南侵，保卫了南方的人民安全与利益，符合人们要求反对金国残暴掠夺的愿望。他不畏强暴，勇敢地反抗异族的侵略，体现了高尚的气节。

岳飞可与关羽齐名，但是关羽的故事多是小说家虚构，即便如此，岳飞的武艺、谋略、性格与德行，都不是刚愎自用的关羽可以比拟的。他生活俭朴，爱护士卒，宽仁待人，个人德行赢得了当时与后世人的尊敬。

岳飞戎马一生，最终却带着光复疆土的宏愿和无力回天的遗憾含冤而去。但他那坚决反抗压迫的精神和坚贞不屈的气节，为中华民族树立了优秀的典范，为后人留下了宝贵的精神财富。

从岳飞被害至今，无论各朝代的统治者还是民间百姓，对岳飞"精忠报国"都是众口一词地加以赞誉。

CONTENTS 目录

CONTENTS

第一章

少年大志

英雄出世

从我们熟知的《水浒传》中，我们知道宋徽宗是一个昏庸无能、胸无大志的皇帝。他重用蔡京、童贯、梁师成这帮奸臣，把朝政搞得乌烟瘴气，北宋的政权危如累卵，人民生活困苦不堪。

人祸之外，人民还遭受着天灾。

苦难深重的中华民族，便在无尽的苦痛中忍辱负重，艰辛成长。过多的苦难，使得他们坚韧顽强，不会对任何的打击与灾难低头，但是，也让他们习惯了忍耐，丧失了反抗的锋芒。

浩浩汤汤的黄河之水，千年流淌，哺育了中华民族，但是每当它怒气狂发，脱离对它的束缚，变得桀骜不驯时，就是中华民族的灾难。公元1103年，巨龙再次狂怒起来，冲垮了堤岸，狂泻千里，毁坏庄园，淹没房舍，一时之间，哀鸿遍野，哭嚎四起。太行山下的汤阴县，也遭受了黄河水的肆虐。灾难总会慢慢地移走，洪水退去，家园被毁的人们，聚集在各条河边，希望能够打捞下物品，好方便家园的重建。这就是中华民族的伟大，他们永远不会被彻

底击垮，灾难过后，他们总是挺起脊梁，在废墟中沉默地重建自己的家乡，尽管眼里还含着晶亮的泪水。这时，上游飘下了一个大瓮，到了近前，人们才欣喜地发现，瓮里竟然是一个妇女，她的怀里，还紧紧抱着一个额头饱满的婴孩。人们七手八脚地把母子救上岸，为洪水中又有两条人命逃过了一劫而庆幸不已。

当然，这些人没有想到，他们救下了洪水中的两条人命，而后来，这两个人拯救了数以十万计的人民。他们还不明白，在后来的历史中，整个中华民族都因为这两个人在那次洪水中顺利逃生而庆幸不已。

那婴儿名叫岳飞，那妇女就是他的母亲姚夫人。生下来还没有满月的岳飞就经历了这样一场不平凡的遭遇。

岳飞生于北宋徽宗崇宁二年（1103年）二月十五日。他刚生下来时，恰巧有一只大鸟从屋顶上飞过，因此，他的父亲岳和就给他起了个单名叫飞，又给他取了个字叫鹏举。

岳和这一家，本是个自给自足的中等农民家庭，自从遭受了这场无情的水灾，家产损失极其严重，从此沦为佃户，全家的生活立刻就变得捉襟见肘。几年以后，岳飞添了一个弟弟岳翔，家计就更加艰难了。穷人的

◎佃户：旧时租地主地的农民。佃户本为自行招募，他们租种地主的土地，向地主缴纳租税，生活极度穷困。地位比贫农还低。著名的话剧《白毛女》中，杨白劳就是一位佃户。

孩子早当家，因此，岳飞还在幼年时，就得下地劳动，挖土、打柴……沉重的农活使得他对农民的艰难深有体会，也

让他的性格质朴浑厚。这影响了他的一生。

岳飞的父亲岳和重义气，为人善良、忠厚。尽管家里的生活境况不好，但看到同里近邻谁家有难，他宁可自己节衣缩食，也要济人之困热情相帮。父亲的这种美德，给少年时代的岳飞留下了深刻的印象，影响了他一生的德行。

岳和夫妇在临近绝育之年，喜得两个男孩，但是，他们绝不放纵孩子，而是"鞠（jū）育训导"，既有温暖的抚爱，又有严肃的管教。姚母作为慈母，更是深明大义，克尽己责。因家境贫寒，岳飞无法像一般的孩子那样进私塾念书，略通文字的岳母就手把手地教岳飞识字，没钱买纸笔，岳母就想出一个省钱的法子，即让岳飞找来一簸箕（jī）的沙子，一根小木棍，用小棒子在沙子上练字，这样写满后将字迹抹平，又可重复使用。

家境贫穷得买不起蜡烛，在白天辛劳之后，岳飞就靠烧白天拾来的树枝败叶发出的火光，看书识字，有时甚至通宵不寐。岳飞天资聪颖，记忆力很强，又有持久不懈的顽强毅力，所以进步非常快。

◎孙武，生活在战国时期，后人尊称孙子，在诸侯争霸中，帮助吴王阖闾大败楚国。所著的《孙子兵法》是兵家必读经典。吴起，战国初期人，出仕于魏国、楚国，二国在其领导下，军力国力大增。著有《吴子》，在中国古代军事典籍中占有重要地位。《吴子》与《孙子》又合称《孙吴兵法》。

由于他爱思考，注意领会书中要旨，通过刻苦自学，对《孙吴兵法》、《春秋左氏传》等兵书、经书中的战略、战术思想，有了一个初步的了解。

✳ 从师学艺 ✳

在岳飞的家乡，有个叫周侗（dòng）的老人，在私塾教书。平时人们只知道他很有学问，但对他的身世都不了解。其实他文武双全，德才兼备。周侗曾为宋军将领，因看不惯朝廷的所作所为，才隐居到岳家庄。

后来民间传说周侗是陕西人，在河南嵩山少林寺习成武艺，后任京城御拳馆"天"字号武林教师，相传水浒好汉卢俊义、林冲都是他的弟子。

但此类传说多有虚构嫌疑，难以考证。周侗有三个比较顽劣的弟子，王贵、汤怀和张宪，和岳飞是好友，尽管这三人都是富贵人家的子弟，但除了比较顽皮外，总的来说人品不错。而且对岳飞佩服得五体投地。

岳飞家穷，没钱交纳学费，不能进入周侗的私塾学习，王贵他们就出了个主意，让岳飞打扮成他们的小厮，在墙外旁听。这样，别人就会认为这是大户人家服侍少爷的仆人，就不会驱赶岳飞了。

王贵他们都是出了名的捣蛋学生，气走了无数的老师，不过，遇上了周侗这个文武全才的狠角色，他们就不得不乖乖地收敛了气焰。这天，周侗给他们三个各布置了一道题目，就出去了。

"白胡子大爷走啰！"王贵挥舞着双手跳着狂呼起来。"我们自由啰！"张宪的声音更大，跳得更高。汤怀推着岳飞的肩膀走了进来。"岳大哥，"王贵回过头来朝岳飞高声

喊："这件事就拜托你了！"

岳飞抬起头来，茫然问："什么事？"

王贵："先生要我们每人写一篇文章，题目在桌上，麻烦你代劳一下。""这……你们……"岳飞犹豫地说。"别谦虚了，"王贵又喊："我们知道你行，点心在抽屉里，饿了你自个儿吃。"岳飞还没回过神来，王贵他们已经消失在门外。

学堂里，"这文章是你写的吗？"周侗用严厉的目光望着王贵问。"嗯！"王贵低着头，轻声回答。周侗语带挖苦地说："半天不见，你进步不少啊？"说着，他又望了张宪、汤怀一眼。那两个人不作声，都紧紧地垂着头。

"把你的文章递上来。"周侗对张宪说。张宪怯怯地伸出双手把自己的文章递了过去。

显然，如果他们这点把戏都把周侗骗过了的话，周侗就不能在后来调教出一位千古名将了。一番盘诘，周侗知道了岳飞，并且产生了深深的兴趣，决定去寻访岳飞。当他看到那位皮肤黝黑的少年，正在炎炎烈日下，用木棍在沙地上专注地练字时，刹那间，他知道自己找到了真正的衣钵传人。他免费收岳飞为徒。

学堂里，夜，学生们的课桌前，都点着明亮的蜡烛。

周侗从自己的书案上拿着一本书站起来说："从今天起，你们白天习武，晚上习文，我会把我的毕生所学一一传授给你们……"

院子里，烈日当空，四个徒弟都直挺挺地站着，他们浑身上下，都在流汗。

"现在注意，"穿着一身短打的周侗气势昂扬地走过来，用他洪钟般的声音说："练武之人，意念必须集中。有些动作，看似简单，但功力的深浅，便决定功夫的高低，所以各项要领，你们务必注意。现在扎马，出拳！"

"嗨！"徒弟们高声喊着，腿一迈，跨出弓箭步，击出了他们的拳头。

"嗨！""嗨！""嗨！"几个师兄弟站在原地连声喊着，接连出击。

✳ 教场夺魁 ✳

汤阴县每年都要举行武童大赛，借比武的机会为国家挑选人才。

有一天，周侗对徒弟们说："县里下了令牌，明天要举行武童乡试，我已给你们报了名，你们回家准备弓箭鞍马，明天早早去校场会齐应试。"

第二天，岳飞打扮得整整齐齐，跟在周侗马后，来到了汤阴县城北门外校场。校阅台上坐着几个人，有戴羽翅帽穿朝服佩玉带的知县，有披甲戴盔的武官。三声号炮响后，乡试比武正式开始。其他的武童都先后进行了比试，但大都表现平平，知县摇了摇头，不太满意。

这时校阅武官喊岳飞的名字。岳飞走进校场时，知县见他相貌堂堂，气度不凡，心想："好威武的后生呀，不知是哪个庄的？"

岳飞信心满怀地走到台前，微微一侧身子，左腿弓，右腿蹬，两臂轻轻一张，弓开箭出，"嗖嗖嗖"三道白光闪过，穿透靶心。全场顿时欢声雷动。武官惊呆了，知县也异常欣喜，不住声地夸赞："好箭法！好箭法！"

岳飞在这次武童比试中得了第一名。知县亲自给岳飞披红戴花，面带喜色地把岳飞看了又看，见岳飞不但武艺超群，而且相貌堂堂，威武之中透着英气。心里不禁十分喜爱，心想，我年老体弱，中年丧妻，只有一个女儿，何不将女儿许配给他，将来也好有个依靠……便吩咐衙役传岳

飞进府。

知县名叫李春，为人和善，体恤百姓，是个清官。他回到家里就对女儿说了自己的打算。李小姐长得面如满月，目似秋水，从小跟着李春读书识字，是个勤俭贤淑、好学知礼的姑娘。现在一听父亲说要给她许婚，脸早就羞红了，心里却很欢喜。

李春把周侗和岳飞请到家里，向他们说明了自己的意思。岳飞低头不语。周侗认为，岳飞与李小姐年貌相当，堪称良缘美眷，就以师傅的身份，替岳飞将这门亲事应承下来。

从李春家出来后，周侗很兴奋，就和岳飞打赌，比试马术，看谁先到家。于是两个人策马扬鞭，飞一般地往回赶。结果周侗先岳飞一步赶了回来。

天有不测风云，人有旦夕祸福。周侗一到家里就一病不起，尽管岳飞细心伺候，但没过多久，周侗还是驾鹤西归了。

周侗的病故，使岳飞十分悲痛。为了报答师傅的恩情，每逢初一、十五，岳飞都要买点酒肉，拿到周侗墓前祭奠。有时手头缺钱，岳飞便把衣服拿去典当。在祭奠时，岳飞总是用恩师所赠之弓连发三箭，然后把果酒等供品，埋祭于墓侧。

天气越来越冷，岳飞身上的衣服却越来越少。岳和感到很奇怪，疑心儿子结交了不好的朋友，便悄悄地观察岳飞的举动，终于发现岳飞典衣祭墓一事。父亲问他为何这么做，岳飞回答说："师傅对我的恩情我一辈子都报答不完。他不光教给我武艺，还教我做人的道理，让我用自己的所学报效国家。可惜我在师傅生前没能谢恩，他死后，我要借初一、十五扫墓以寄托我的哀思。连射三箭，以示饮水思源。"

听了儿子这番肺腑之言，岳和十分感动。他深情地对儿子说："你的孝顺我很赞赏，但是当将来国家用你的时候，你能为国贡献一生吗？"岳飞毫不迟疑地回答说："只要父亲大人支持我以身许国，我什么事都可以做！"岳和赞许地点了点头。从此刻起，岳飞就立下了为国贡献一生的志向。

后来，岳飞又向一个名叫陈广的人学习枪法。在老师的精心指导下，岳飞的枪法出神入化，方圆百里无人能敌。

随着岳飞弟兄的长大成人，宋朝的腐败已日甚一日，百姓的困苦也日甚一日。在此环境下，岳家的生活愈过愈艰难。

公元1117年，相州又发生涝灾，几乎每天都下大雨，农田被淹，收成锐减。农民在没法维持生活的情况下，只能典卖土地，或者借高利贷，最后导致经济状况更加恶化。

那时李春因得罪了权贵，被罢了官，生活也很困难。此时岳飞的父亲抱孙心切，尽管家里很困难，还是借钱为岳飞和李小姐举行了婚礼。

一年后，岳飞的长子——岳云降生。添丁进口，喜事临门，但岳家的经济负担沉重了。

韩家佃户

岳飞被迫走出家门，挣钱养老婆、孩子、老爸、老娘。封建时代，往往因为婚姻的负累可以致使全家走上"欠债还息终生奴"的困苦道路。而岳飞也正在向这条唯一的"出路"大步走去。

韩琦，史书上对他尽是溢美之词，富贵得不得了，把一个老头子简直捧成了一朵大红花，幸亏在这朵大红花的屁股上还嵌着一根狗尾巴草，才得以让我们看清他，戳穿他。

韩琦出身名门，父荫子泽。用现在的话说是有个好老子胜过有个好脑子，确实如此，"猪脑将相门"，一点不假。这个在中央做过大官和三届国务院总理的老匹夫，为了显赫门楣，大造厅堂。竟然给自己建了一个"昼锦堂"的"死亡庙"，希望世人膜拜他，他不知道只要韩氏家门一倒，立刻就给你砸碎。白天（昼）还想发光（锦），反倒是地狱门前有烧烙铁的火炉在发光。

总之，韩府里外皆透出一股富贵的腥膻之气。

岳飞去韩府做"佃客"（租种土地的客户）的时候，正是韩琦的孙子与重孙子在光华迷幻的政治舞台上张牙舞爪、行恶作态的时候。

他租种了韩府的土地，"寒耕热耘，沾体涂足，戴星而作，戴星而息"，这是宋史中的原话。寒冷的时候耕地、炎热的时候播种，全身都被泥土包裹了，星星还没落就出去劳

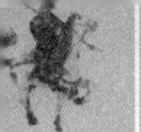

动，星星都已经出来了还没有得到休息，苦不堪言。但是韩府这一伙吸血鬼却贪婪得像阎王，不要你命不散伙。

租种富裕人家的土地，基本上是没有自由的，因为有干不完的活。再有就是残酷的高利贷剥削，佃客们往往要付出生命的代价，而"富人敢于专杀"，甚至以杀为乐，简直惨绝人寰，没有人性。

政权腐败，贪污成风，土地集中，民不聊生。不管怎么坏，都要坏到农民头上，都要加在农民头上。农民背负着最深重的苦难。但是当我们看到赵佶这样昏庸至极的皇帝还写首不错的诗追怀美好，比喻现实的时候，我们或许会被他的催泪诗词感动。但是亿万的劳动人民的血汗还比不上几首故作雕琢的诗词吗？

岳飞是人不是神，他也知道累。没办法，他不干，家里的老小就要喝西北风。

有一天，韩府里来了一伙抢劫的流氓，领头的叫张超，百十号人，气势凛凛。韩府的老爷们猝不及防，乱成一团。没有想到的是张超尚且没有把刀从刀鞘里拔出来，岳飞骑在院墙上开弓一箭就射穿了他的咽喉，不幸的张超立刻飞奔到阎王驾下侍候。可怜的小喽罗们没有抢到什么东西，反倒是逃跑的逃跑，被抓的被抓。

岳飞可以说是立下了头等功，韩府里的老爷们开始对他有些刮目相看。但是时间不长，岳飞就离职了。

据推想，当时的岳飞并没有因为解救韩府而受到真正的礼遇。韩府里的老爷大概是粗傲地给了他一点钱，坚峻的性格使岳飞不愿意吃韩府的"嗟来之食"，他正好用这些钱还

了韩府的高利贷。再有，便是岳飞的锋芒微露，韩府的看门狗们因为保护不周受到了老爷的痛斥，对岳飞怀恨在心，时不时地找机会排挤他，欺负他，设法把他弄出韩府。

之后，岳飞在相州的一个镇上做了一名巡警。干这个也没什么前途，纯粹浪费青春。另外一点是，岳飞在韩府里的所见所闻与自己在贫苦底层生活时相比，简直就是天壤之别，自小便很有骨气的岳飞再也不能忍受这种生活。最终，岳飞因喝酒闹事被炒鱿鱼，连巡警也干不成了。

万般无奈之下，加之时间长了，岳飞想家人想得厉害，只能狼狈回家了。

岳飞回家以后，父亲岳和仍不让岳飞为家事操心，他鼓励岳飞说，男儿志在四方，你不应该守在家里，应到外面闯荡事业。现在我听说国家正在招兵买马，要攻打辽国，收复燕云十六州，这正是你建功立业、报效国家的时候。岳飞听后，觉得父亲的想法和自己的一致，于是决定投军从戎。

◎燕云十六州：又称"幽蓟十六州"是指中国后晋石敬瑭割让给契丹的位于今天北京、天津以及山西、河北北部的十六个州。"燕云"一名最早见于《宋史·地理志》。战略地位十分重要，北宋与辽为了它发生过多次战争。著名的杨家将的故事也就发生在这里。

新婚一年的岳飞，虽然万分依恋温柔贤淑的妻子和鬓（bìn）发苍苍的父母，但仍毅然同他们告别，到外面寻找为国出力的道路。这一年他还不足二十岁。

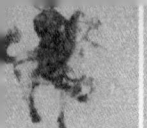

"精忠报国"

在《水浒传》中，曾写到大辽，它是契丹人建立的政权，一直是宋朝的边患。当时，它的西北部金国兴起，金国在首领完颜阿骨打的率领下，不断进攻辽国。

宋徽宗为了给自己找一块"遮羞布"以转移世人对他的指责，便打出收复燕云十六州的旗号，与金国联合攻打辽国，两国缔结了盟约。宋金缔盟后不久，金国便出兵攻击辽国。

在金国的催促下，北宋朝廷也派童贯领兵十万来攻辽国，并派人在河北一带（岳飞的家乡）招兵买马。

岳飞回乡后，遭逢这种兵荒马乱的年景，生计更加艰窘。经全家再三商量，认为凭借岳飞的一身武艺，出外当兵，尚是一条谋生之路。

宣和四年（公元1122年），岳飞正好二十岁，九、十月间，真定府有一位文臣新知府上任，名叫刘韐（gé）。按照当时重文轻武、以文制武的体制，真定知府兼任真定府路安抚使，统辖真定府、相州等六个州府的军务。前线第二次征辽的败报传来，刘韐感到惶恐，他担心辽军乘胜侵袭，便临时召募了一批"敢战士"，岳飞也在应募者之列。

刘韐在检阅应募者时，很快看中了这个青年。岳飞头颅颇大，方脸大耳，眉宇开阔，眉毛较短，双目炯炯有神，身材中等偏高，极其壮实，生就一副雄赳赳的勇士气概。刘韐同他谈话时，岳飞申述了自己誓死保卫乡土的决心，刘韐当

即任命他为小队长。

事实上，辽军没有，也不可能乘胜攻宋，于是，刘韐就使用这支敢战士的队伍，从事对内镇压。相州有一股"剧贼"，其首领是陶俊和贾进，他们攻打县镇，杀掠吏民，屡败官军，祸害一方。岳飞请求为故乡除害，刘韐便派他率二百名兵士，返回相州。岳飞先派三十人装扮成商旅，听任陶俊、贾进俘掠。他又命令一百人埋伏在山下，自己带几十骑前往挑战，佯败而逃。陶俊和贾进率众追击时，山下伏兵一齐出击，三十名伪装的商人也充当内应，俘掳了陶俊和贾进，其余党全部溃散。

于是岳飞的顶头上司王靖向上司申报，为岳飞保举了一个小官。不料岳飞的父亲岳和经历长期劳累和贫困的折磨，突然一病不起，没多久就去世了。噩耗传来，岳飞哀痛至极，连忙奔回汤阴。

朝廷由于财政拮据，也把不属于正式编制的敢战士裁撤，王靖的保举状就成了一张废纸。

自宣和四年冬到宣和六年（公元1124年）冬，岳飞一直居家。

岳飞虽然在小村里守丧，却始终关注着大宋的局势，凭着敏锐的嗅觉，他感到大宋王朝已处于极度危险之中。此时人民流离失所，生计艰难，盗匪、流寇四起，打家劫舍，危害百姓。由于岳飞武艺高强的名声流传得很广，因此竟有人来请岳飞去做"山大王"。

但岳飞从小热爱祖国，热爱人民，练就一身武艺，为了报效国家，因此他决不会放弃原则去危害人民，祸乱国家。

岳母虽然是一介女流之辈，但是她深明大义。一次，岳飞严拒了土匪请他入伙的邀请后，岳母深感欣慰，她把岳飞叫到跟前，对他说："鹏举，你所做的一切都非常对，娘为你感到很高兴。但是，这并不能说明今后你就不会为别的诱惑所打动，也不能说明你以后的志向不会改变。所以娘将'精忠报国'四字刻在你的身上，希望你永远铭刻于心，做到一生无愧于心。"

岳母叫儿媳李氏拿来针线，让岳飞脱下衣服，双膝跪下。然后用笔蘸（zhàn）墨，郑重地在岳飞的背上写下"精忠报国"四个大字，再用钢针一针一针地往皮肉上刺。

岳飞咬紧牙关忍着痛，一动不动地跪在地，任凭豆大的汗珠滑落下来。当最后一笔终于刺完时，岳飞母子的脸上都已挂满了泪珠。岳飞明白母亲的用心，母亲是要让他记住并做到一生忠于国家，热爱民族，尽自己的全力去报效国家和人民。

岳飞转过身跪在母亲面前，双目含泪，颤声说道："儿谨遵母命。"

岳母的苦心没有白费，岳飞用一生的行动来实践了这四个字。

不久，岳飞再次踏上了从军之路。

第二章

从军报国

徽钦二宗

  岳飞守丧期间，宋金关系恶化，金军没有费太大的力气就把燕京攻占了，并且把燕京洗劫一空，又以索取一百万贯钱财的高昂代价，将空城燕京及其附近地区归还宋朝。通过这次行动，金国的统治者看到了北宋政府的无能，于是开始放心大胆地做侵略北宋的准备。由于两次征辽的失败，宋朝不得不向金朝买得燕京等几座空城，这本是一种耻辱，却被宋徽宗君臣当做一百六十余年来未有的光荣，大事吹嘘和庆祝。宋徽宗君臣一直沉湎于醉歌酣舞之中，直到燕北鼙鼓动地而来，才惊破了他们的好梦。

  公元1125年11月、12月，金军分两路南下。西路由左副元帅粘军统兵六万，进围太原府。金东路军由都统帅斡离不（完颜宗望）率领，一路势如破竹，大宋军队纷纷溃败。金军一口气打到了黄河边。宋徽宗赵佶吓得连皇帝也不敢做了，急急忙忙地写了一道"罪己诏"，就把皇位让给他的儿子赵桓，想一走了之。赵桓就是钦宗，用靖康作年号。

  宋钦宗即位的第二年，改元靖康。宋钦宗自幼循规蹈矩，面对复杂、险恶多变的局势，毫无措置能力。他的全部作为，就是来回摇摆于轻率的冒险主义和卑怯的投降主义之间，并且以后者为主。

  完颜宗望回避很多州县的攻城战，孤军深入，本是犯兵家之忌。宋钦宗不肯取持重方针，在发动夜袭金营失败后，便慌忙与金军订立城下之盟，答应割让太原等三镇，并奉献

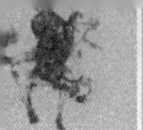

大批金银。金军遂于靖康元年（公元1126年2月）撤兵。

于是宋廷又恢复文恬武嬉的故态。宋徽宗以为万事大吉，返回开封享乐。宋钦宗则抱着侥幸的心理，撕毁开封城下的和约，组织对太原的解围战。

太原之战

太原守卫战是决定北宋帝国命运的关键性一战。

太原府城自宣和七年被金军包围以来，宋将王禀誓死固守，并且反对和制止了知府张孝纯的投降企图。金军猛攻不下，只能采取长围久困的战术，修筑一道城墙，包裹了太原城。

靖康元年3月到5月，宋廷命种师中和姚古分兵两路，前往救援；6月到8月，又命刘韐、解潜、折彦质、折可求和张灏分兵三路，再往救援。由于宋军兵力不集中，各部又互不协同，金军以逸待劳，予以各个击破。

壮烈的太原守卫战坚持了250余日，守城将士粮尽力竭，几十万居民大都饿死，金军得以在九月攻陷府城，王禀力战殉难。

太原府的失守，使金军东西两路得以会师。在宋朝方面，则因号称最精锐的陕西的主力军在两次解围战中耗折殆尽，开封的陷落遂成为定局。

岳飞戍守的平定军与太原毗邻，他身处河东抗金的前线。六月，为了给刘韐自真定府救援太原做准备，一个季姓团练使、路分都监，命岳飞率一百多名骑兵，前往太原府的

寿阳县、榆次县等地，进行武装侦察，宋时称为"硬探"。在行军路上，猝然与一支金军遭遇，骑兵们有些畏怯，岳飞单骑突入，杀死几名敌人骑士，金军败退了。岳飞乘着黑夜，换上金军的装束，潜入敌营。他遇到巡夜的金兵，就说些女真话应付，走遍营寨，圆满地完成了侦察任务。上级为此将岳飞由偏校升为进义副尉，这是不入品的小武官。

金军攻取太原后，又出兵进犯平定军。他们满以为可不费吹灰之力，稳拿这座不大的军城。不料平定军的军民严阵以待，顽强抗击，使敌人损兵折将，一无所获。最后，金军支付相当大的伤亡，才占领了平定军城。岳飞勇敢地参加了平定军的守卫战，殊死苦斗。直到最后的危难时刻，他才不得不奔回故乡。

太原陷落后，宋朝的军事形势已经非常严峻了。

许多爱国之臣上奏折，主张退而积蓄力量，以图收复失地。然而钦宗并不采纳，他的主要对策还是不断地遣使求和。靖康元年，闰十一月，金军攻陷京师汴京。

在大肆搜刮京师金银财宝之后，靖康二年（1127年）四月，金军把徽宗、钦宗，连同宗室、后妃、百官、工匠等三千多人俘掠北去，汴京的金帛、宝货，朝廷的文物、图册也被洗劫一空。北宋王朝至此覆亡。这就是历史上所谓的"靖康之耻"。

三次从军

在金军攻陷京师之前，钦宗命赵构为天下兵马大元帅，令速领兵入京师。京师失陷后，十二月，康王赵构，在磁州（今河北磁县）守臣宗泽等扶持下，于相州（今河南安阳）正式开大元帅府，打出了抗金旗号。

在国家危亡之秋，岳飞毅然投奔相州大元帅府的勤王之师。这是他第三次从军，过去两次当兵，其实都是因为生计所迫，而现在第三次从军，却是一个自觉的爱国行为。

岳母姚氏明知战争风云险恶，此去凶多吉少，但她深明大义，毫不犹豫地勉励儿子"从戎报国"。

岳飞记取母亲的教导，含泪告别了随时都可能陷入敌手的老母、妻儿，从此南征北战，再没有回过故乡。

岳飞来到相州，加入了刘浩的部队。刘浩是一名衔阶不高的武官。在宋金交锋中，他负责招募义军，收编溃散的士

卒。刘浩详细地询问了岳飞的经历、武艺和志向。

岳飞也充分阐述了自己杀敌报国的抱负，赢得了刘浩的器重。为了考验岳飞的本领和胆略，他命令岳飞去收编一支以吉倩为首领的起义军。

岳飞了解到吉倩起义也是为生活所迫，且没有做过伤天害理、祸害国家的事。于是他决定用真情去感化他。

在一天傍晚，岳飞只带领四名骑兵到吉倩营寨，劝他们参加抗金队伍。吉倩等人表示愿意归顺，但又顾虑会被官府杀害。岳飞再三作了保证，吉倩终于表示降服。最后，岳飞带领这三百八十人的队伍回到军中。就是这支队伍成了后来的岳家军的基本人马。

岳飞的成功，充分显示了他有勇有谋，因此深得刘浩的赏识，立即提升他为承信郎并把他的功绩向朝廷做了汇报，也得到了大元帅赵构的认可。

虽然，岳飞并没有因此得到重用，但承信郎已经是有品级的武官了。从此岳飞正式登上了大宋的军政舞台。

岳飞入伍不久，康王赵构把控制的军队编为前军、后军、中军、左军、右军。刘浩担任前军都统制。赵构在相州组建大元帅府的目的，是要收集河北地区的官军和义军援救汴京，而岳飞所在的部队又被编为前军，自然是在抗金的最前线。这对怀有拳拳报国之心的岳飞来说无疑是十分难得的机会，因此他立誓要在抗金前线建功立业。

有一次，岳飞带领兵士在黄河南岸操练。当时已经是寒冷的冬天，大雪纷飞，连黄河都冰冻了。突然，岳飞发现大队金兵骑着马，踏着冰，从河对岸飞奔过来，势头很猛。岳

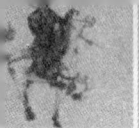

飞沉着地对部下说："敌人虽然众多，但是还不知道我们的虚实，乘他们喘息未定之机，大家来痛击他们，杀他个措手不及。"说罢，他跳上马背，带头向金兵冲去。

一个金将飞马舞刀而来，岳飞迎头赶上，猛地一枪将来将挑落马下，岳飞不等他缓过神来，又猛地一枪，将其刺死。宋兵士气大振，随着岳飞奋勇战斗，把金兵打得大败。岳飞立下了入伍以来抗击金军的第一次战功。

不久，刘浩又令岳飞带领一百名骑兵南下到滑州一带侦察。滑州是相州通往汴京的必经之地，岳飞接受这个任务后，十分高兴，立即率队出发。当行至黄河冰面时，与金军的一队巡逻兵遭遇。一名金将首先发现了岳飞的小分队，立即策马急驰，直取岳飞。岳飞毫不退让，飞马迎敌。他眼明手快，一枪刺死敌将。金军大惊失色，宋军群情激奋，勇猛冲杀，将金军杀得大败而逃。

以上两次战斗，使岳飞初露锋芒。刘浩从此对他更是另眼相看。

终遇伯乐

赵构虽然当了大元帅，但他也是个无能之辈，一心想向金国求和，以保住黄河以南的领土。他深怕树大招风，引起敌人的注意，于是就想撤出相州，搬到南边安全的地方。

当时位居元帅府要职的汪伯彦也竭力怂（sǒng）恿（yǒng）他南撤。两人经过密谋，决定先派刘浩领兵南下

滑州，扬言要解汴京之围，迷惑金军，掩护自己逃遁。赵构和汪伯彦在十二月十四日出发时，仍然对军士隐瞒真相，诡称南下汤阴，但是，实际的行军路线却是出相州北门，往临漳（今属河北）方向进发，采取的是避开金军的逃跑路线。赵构和汪伯彦等人一路，不打旗号，悄悄地移军东平、济州（今山东巨野），直到北宋灭亡，也未向京师推进一步。

岳飞怀着南下光复汴京的满腔热忱，但作为低级军官，并不了解元帅府的内幕，也不了解大元帅的卑怯心机。眼看救援汴京的计划已落空，虽然不明不白，却不得不跟随着前往大名府。

岳飞没想到，这次随军远行，与故乡竟成永别。赵构逃走后不久，金军包围了相州，岳飞的家乡汤阴县也沦陷了。

赵构到达大名府后，河北的几支军队都向此地集中，宗泽首先赶来，但是身为副元帅的宗泽和汪伯彦的主张却截然相反。经过激烈的争论，赵构同汪伯彦私下商议，分兵两路，宗泽南征，赵构和汪伯彦东逃。

年近古稀的宗泽毅然承担了救援汴京的重任，岳飞也成为宗泽的部将。

宗泽领兵同金军打了十三战，每战皆捷。岳飞奋战疆场，杀敌立功，在宗泽军中四个多月，立下了不少战功。

五月一日，赵构在应天府即位，将靖康二年改为建炎元年，成了南宋的头一个皇帝，史称赵构为宋高宗。

此后，宋高宗迫于文臣武将的压力，不得不起用主战派老臣李纲为相。并根据李纲的推荐任命宗泽为东京留守，张所为河北招抚使，傅亮为河东经略副使，负责联络领导当地忠义民兵的抗金事宜。

此时一心抗金的岳飞，迟迟听不到出征的命令，心里很是着急。他不满意这种不战不和的局面，毅然提起笔来给宋高宗写了一份奏疏。他请求宋高宗放弃逃跑的举动，迅速回到汴京，以汴京为基地发展力量，创造条件出师北伐，收复被金兵占领的疆土。他还斥责了黄潜善、汪伯彦只求苟安、错失良机的误国主张。

岳飞的建议虽然是出自一片爱国之情，却触及到了南宋朝廷中抗战派和主和派之间最敏感的问题，也触痛了主和派的伤疤。岳飞的奏疏辗转送到了黄潜善和汪伯彦手里。他们没想到这个低级军官居然敢对朝政评头品足，勃然大怒，立刻下令将岳飞开除军籍，驱出营房。岳飞被罢了官，第三次离开了军队。

◎奏疏：中国古文书之一类。又称奏议。是封建社会历代臣僚向帝王进言使用文书的统称。战国以前臣僚向君主进呈文字统称上书，秦统一六国后始称为奏。奏是进上的意思。汉代臣僚上书有时也称上疏。疏是疏通的意思，引申为对问题的分析。同时分析问题的奏章也别称为疏。唐宋以后上奏文书统称奏议，多数称为奏疏。

被赶出营房的岳飞没有悲观失望，相反他的抗金决心更坚决，他毅然渡过黄河，到别处去寻求抗敌的机会。

那时候，爱国将领张所正在招募黄河两岸的义勇民兵，随时准备进行反攻。张所的威信很高，很受军民的拥护。岳飞经友人介绍，投奔到张所旗下。张所得知岳飞被削职为民的原因后，不禁对这位勇敢正直的年轻人赞赏有加。

张所用了很高的礼节接待岳飞。他问岳飞："听说你打仗很勇敢，但一个人的力量终究是有限的。请你粗略算一下，你一个人到底能抵挡住多少敌兵？"

岳飞从容地回答说："两军对阵，不能单单依靠勇力，因为一个人再勇猛，只能杀几个人，最多杀几十人，如果敌人有几千万，那就无法取胜了。所以，用兵最重要的是要有谋略，运筹帷幄，可决胜千里。谋略是胜负的关键。作为一个大将，看他是否称职，首先要看他是否懂得用兵之道。"

张所对岳飞的回答非常满意。接着，又就《孙子兵法》的军事常识向岳飞提出了一系列问题。

岳飞不光对《孙子兵法》十分熟悉，而且还畅所欲言谈了自己对兵法运用的一些看法。张所听罢，不禁频频点头，他很赞同岳飞的说法，也很佩服他的才能。

最后，张所又同岳飞探讨了河北的军事形势。岳飞毫不拘束地说出了自己的观点。他认为河北地区在宋金对峙中有极为重要的战略地位，如不收复河北，不仅汴京难保，甚至直接危及江淮，对金作战的第一个目标就是收复河北失地。他谈到金兵两次南下，河北各地连连陷落，人民流离失所，国无宁日的时候，不禁感慨万千，心情沉痛地表示自己要以身许国，决心追随张所，出师河北，收复失地。

张所很欣赏岳飞的品德才干，于是对他委以重任。从此以后，二人成了莫逆之交。

岳飞三次从军，三次受挫，这一次才碰上了赏识他的伯乐张所。从此，岳飞驰骋疆场，揭开了他一生中壮烈的抗金斗争新篇章。

❋ 老将含恨 ❋

张所虽然积极地为收复河北失地做准备，但他的工作进行得很不顺利。当时南宋朝廷的军事机构由黄潜善和汪伯彦把持，他们担心张所收复失地的举措会打乱他们南逃的计划，于是，下令各军队都不许动用国家的人力、物力。

全国的许多战略储备，包括兵器、甲胄和其他军事器械大部分都集中在大名府。

黄潜善和汪伯彦给出的理由是怕大名府负担过重，会引起全国人民的反抗。由于黄潜善等人的禁令，这些物资都不能动用。张所只好通过其他途径筹备军需物资。

建炎元年（1127年）九月中旬，张所任命王彦为都统制，率兵攻取对汴京威胁最大的卫州等地。岳飞的部队也被编制在王彦的手下，在王彦的统领下进攻卫州属县新乡（今河南新乡市）。不幸的是，王彦的部队刚刚出发，南宋朝廷的政局就发生了重大变化。

由于全国人民的抗金呼声越来越高，所以主战派的势力越来越大，对主和派形成很大的威胁。于是黄潜善、汪伯彦想方设法排挤主战派代表李纲，结果只当了两个多月宰相的李纲就被罢免了，他收复失地的战略部署也全部落空。

张所是李纲的部下，他也是主战派中的一员。李纲被免职后不久，黄潜善等就撤销了河北招抚使司的建制，罢免了张所，将他贬谪（zhé）到岭南。不久，张所积忿成病而死，但他所组建的军队并没有解散，在王彦的指挥下，按张所的部署继续进攻新乡。此后，岳飞就成为王彦的部将。

岳飞的上司王彦是南宋著名的"八字军"首领。由于岳飞主张速战速决的方针与王彦主张联络各地义军稳扎稳打的方针产生分歧，岳飞与王彦之间产生了嫌隙，因此岳飞径自率部渡河投奔东京留守宗泽去了。

依军法岳飞应当处斩，但是宗泽已知悉岳飞骁勇善战，叹息："此将才也！"但是军纪如山，又不能姑息迁就。考虑到国事艰危，正是用人之际，宗泽最后决定将岳飞留在自己部下，给他立功赎罪的机会。

不久，金军大举南下，进攻孟州（河南孟县）的汜水关。宗泽当即任命岳飞为"踏白使"（突击队长），前去迎敌。岳飞感激宗泽给他改正错误的机会，率领五百骑兵奋勇杀敌。汜水一战消灭了几千金兵，凯旋返回京师。

从此岳飞的名声便在各地传扬开了，金兵中亦知道宋营中有个名叫岳飞的非常英勇善战，令人胆寒。后来宗泽正式任命岳飞当统领，不久又提升为统制。

那时，形势对南宋非常有利。宗泽认为这是举行反攻的大好机会。他一心一意地准备渡河北伐。自从到汴京后，宗泽先后向高宗上了24道奏疏，恳请高宗回到东京，鼓舞士气，主持报国仇、复故疆的大计。然而这一道道言辞激切、足以感动木石的奏疏，只要到达应天府或扬州，皆成为废纸。朝廷回报他的，只有敷衍、嘲笑和呵斥。

这位七十高龄的老人，为国为民，尽心尽力，驰骋战场，忠心耿耿，心力交瘁，却又遭投降派的压抑，终于忧愤成疾，一病不起。当岳飞和其他将领到他的病榻前去问候

时，宗泽鼓励他们歼灭强敌，恢复故土，完成自己未酬的壮志。眼看着自己的理想一次次地破灭了，宗泽又伤心又气愤，不由得吟诵起唐代大诗人杜甫描写诸葛亮的名句："出身未捷身先死，长使英雄泪满襟！"临死时，他没有提及一句家事，只是大声疾呼："过河！过河！"

这一天，汴京城阴云密布，到处是军民嚎啕痛哭之声。

❋ 誓破胡虏 ❋

宗泽临终前曾担心金兵会破坏西京河南府洛阳赵氏的皇陵，他嘱咐岳飞率领本部人马随同闾（lú）励去保护西京皇陵。宗泽去世后，岳飞立即按照宗泽的遗嘱向洛阳进发。

闾励一直担任侍卫步军司一职，这支部队其实就是皇帝的御林军，由从全国选拔的武艺超群的壮士组成。闾励没有跟随赵构去建康，留在这里负责镇守汴京。

闾励、岳飞到洛阳时，这座繁华秀丽的古都经金兵三度蹂躏已不堪入目了，到处是残垣断壁。大街之上白天都见不到一个人，死一般寂静。荒草之间随处可见累累白骨，令人目不忍睹。岳飞看到这凄惨的情景，异常悲愤，向天高呼："不破胡虏，誓不为人！"

他们把部队开进洛阳后，闾励立即着手部署洛阳防务，他亲自镇守洛阳，命岳飞率领精兵进驻汜水关。他们决不让金兵第四次踏进洛阳。汜水关是金兵进犯洛阳的必经之地，半年前，岳飞曾在这里作战，对这一带的地形非常熟悉。

岳飞一到汜水关，立即进行布防。布防的工作还没完全结束，手下就来报告说大队金兵杀到了。

岳飞赶忙召集队伍，率兵挡住了金兵的去路。这些金兵其实是先头部队，大队的金兵还在后面。双方摆开阵势，一场残酷的对决一触即发。

岳飞惯用擒贼先擒王的战术，这次他仍然如此。他看到金军的主将骑着高头大马，趾高气扬，对这边指指点点。

岳飞目测了一下，两军相距有一百多步远，刚好超过平常的一箭之地。他知道，金军主将也怕宋军放箭，所以不敢太靠前。

但是，岳飞能开几百斤的硬弓，射程要比一般人远得多。而金兵主将不知道岳飞有百步穿杨、箭无虚发的技术，以为自己处在安全地带，根本没有提防宋军的弓箭射击。

此时，岳飞早已拿起自己的弓，箭搭在弦上，看准金兵主将，嗖的一声，箭如流星一般向金将射去。那边金兵主将突然听到弓弦响，还没有搞清状况，飞矢就已射进他的咽喉，当场栽落马下，气绝身亡。

金兵一见主将身亡，顿时阵脚大乱，岳飞就势指挥将士掩杀过去。此刻的金兵，就像一群无头的苍蝇，一哄而散。

接着，岳飞下令将营盘向前推进，在一个名叫竹芦渡的地方驻扎。此时，金兵的大部队已经赶到，多过宋军人马数倍的金军在离岳飞大营不远的地方安营扎寨。双方的兵力相差悬殊，这对岳飞来说是相当不利的，而且岳飞的军粮供应不足。因此，要想取得胜利，就必须采用出奇制胜的战术。

岳飞考虑到金军劳师远征而来，必然身心疲惫，如果采取偷袭的战术，一定可以成功。故此夜半三更，岳飞挑选了三百名精锐骑兵埋伏在山下，另外又派二百名步兵每人手执两个火炬向前冲杀。

金兵经过长途跋涉，十分困乏，因此睡得也很沉。就在这时候，火光冲天，杀声震野，睡梦中的金兵以为宋军主力杀来，纷纷弃营逃命。逃跑的金兵又被山下埋伏的三百精锐骑兵截住，一阵厮杀后，金兵死伤无数，余下的都败退了。

这场战斗，岳飞用计谋以少胜多。间励对这位刚刚二十六岁的将领非常钦佩。没过多久，岳飞就奉新任汴京留守司长官杜充的调遣返回了汴京。

间励对岳飞依依不舍，但也不能强加挽留，最后将岳飞手下的能征善战的十余名军官留下，与岳飞洒泪而别。

无耻杜充

宗泽去世后，宋朝失去了一位领导抗战的忠臣，汴京的防务由杜充接任，岳飞也归杜充领导。

杜充是一个治军无方、残酷而无谋、贪生怕死的家伙，与黄潜善等人其实是一丘之貉（hé）。他在担任大名府留守之时，便无所作为。黄、汪等人将他调往汴京，是为了让他反对宗泽的抗金之道，为同金朝妥协创造条件。杜充很自觉地做到了这一点。

杜充来到汴京后，把宗泽收复失地的战略计划完全抛弃了，毫不理睬两河的抗金义士，并拒绝支援他们，致使一些抗金态度一向坚决的义军被金兵镇压。其他未被镇压的义军也不对杜充抱有希望，而相继脱离抗金前线，或拥兵自保，或转移南下。宗泽苦心经营的防务体系瞬间瓦解了。

此时的南宋朝廷正密谋与金国议和。黄潜善对高宗说，与金国议和应该有诚意。但具体是什么诚意，黄潜善没说明。

宋高宗赵构想了许久，终于明白"诚意"二字的含义。于是，赵构不知廉耻地去掉皇帝尊号，改用康王的名义给金兵前线指挥官粘罕写信，用非常谦卑的语气说，宋朝现在已经处在坚守没有精兵强将、撤退没有地方可去的境地，乞求粘罕不要再追赶了。粘罕见赵构如此无能，便更加放心地发动大举进攻。

岳飞从淮河流域返回汴京后，以为从此可以全力抗金，实现自己以身报国的志向了。不料刚到汴京，杜充就让他跟随自己南下。

岳飞十分不满杜充的这一决定，他知道，部队一撤走，就意味着放弃汴京，也就是说，又将有大片的美好河山葬送于金人之手。他按捺不住自己的不满，义正词严地对杜充说，中原之地，一定要寸土必争，况且汴京是大宋的第一京城，放弃汴京对全国抗金形势的影响非同小可。并且说，放弃容易，收复难，若要收复汴京，恐又将牺牲几十万人的性命啊。

杜充毫不理睬岳飞的规劝，反而命令他立即率师南下。在杜充的威逼之下，岳飞违心地跟随着浩浩荡荡的人马南撤。金兵不费吹灰之力就占领了汴京，此时南宋已失去了半壁江山。

杜充威逼着岳飞和他一起南下，一直跑到建康才停了下来。在留守建康的日子里，岳飞回顾自己投军三年经历，先后跟随过七名主将，在抗金战场上，始终是出生入死，浴血奋战，然而换来的不是北进，而是不断的南撤。因此，他的心情很是沉闷。

由于岳飞对高宗等人的投降路线认识得还不是很清楚，以致认为宋军的节节失利，都是由于将领的指挥不当造成的。他甚至抱怨自己不该做一个偏将，倘若当上大将，就可以指挥千军万马，跨过长江，杀过黄河，赶走残暴的金军，迎还"二圣"。

而现在，他屈居下僚，受命于人，英雄无用武之地，只能徒唤奈何了。

苗刘兵变

宋高宗投降集团卑躬屈膝的所谓"诚意"，换来的不是金兵的怜顾，而是更猛烈的进攻。金兵已经探明了宋高宗赵构的逃跑路线，于是就把进攻的重点指向东南，企图一举俘获宋高宗，彻底消灭南宋王朝。

赵构从扬州渡江之后，把原来要迁都建康的计划也放弃了，于是从镇江奔向常州，从常州奔向苏州、秀州（今浙江嘉兴县），二月十三日，到达临安（今浙江杭州）。

南宋王朝的统治者们，在女真兵马的追逼之下，虽在一味地流离逃窜，其士兵中的大部分，因都来自黄河流域各地区，却大都在怀念着自己的家乡，摩拳擦掌，要打回自己的老家去。例如，正当赵构、王渊、康履等人逃向临安的时候，之前从淮阳军溃败下来的韩世忠的部将李在，却在宝应县聚集旧部，并号召一批当地民众，组成一支忠义民兵，乘金人在高邮的防务空虚之际，攻入高邮县城，处决了投降金人的一批汉奸官僚，并截留了金军运送抢劫所得的金宝财物的北行船舶数艘。

但赵构所宠信倚靠的，却是康履、王渊这伙人。赵构跑到临安不久，由于宦官康履在他身边不断帮王渊说些好话，他竟把王渊提升为枢密院的副长官。对于

◎枢密院：唐、五代、宋、辽、元时代的官署名称。宋代主要管理军事机密及边防等事，与中书省并称"二府"，同为最高国务机关。

金兵攻陷扬州时负有严重贻误军机罪责的王渊，不但不加惩处，反而加以奖擢（zhuó）。赵构的这一措施，既使得痛恨王渊的临安居民更为恼火，也使得所有驻扎在临安的部队都心怀怨愤。特别是护送皇帝亲眷到达杭州不久的苗傅和刘正彦所率领的那支部队，其中的中下级将佐，有些是生长在幽燕一带的，有些则是生长在两河、中原一带的。

他们曾多次向赵构建议，如何部署反攻和收复河北的计策，赵构却全都置若罔闻。而逃到临安之后，赵构却依旧这样地倒行逆施，把一个在国难深重时刻还专搞害人利己勾当的王渊提拔为高官，他们对此更感到忍无可忍。

建炎三年三月初五日，苗傅、刘正彦利用部队中全体官兵对赵构的愤慨，举行了武装暴动。他们捕杀了王渊，捉杀了康履和所有已经到达临安的宦官，逼令赵构宣告退位，加以幽禁，把赵构的一个不满三岁的儿子立为皇帝，另请哲宗赵煦的废后孟氏垂帘听政。并且宣布，从三月十一日为始，把年号改为"明受"。

这次兵变杀掉了王渊和以康履为首的一大批宦官，大快人心。

但是，苗傅、刘正彦和他们这支部队中的将佐，既都没有政治斗争和军事斗争的经验，也都缺乏应急应变的机智和才能。在发动了这次兵变之后，他们仍只局守在临安城内，没有提出足以鼓舞人心的政治主张，也没有和临安地区以外的军事首领们取得联系。这样，他们就把整个临安城郊陷入惊惶动乱、忧疑不安的情况之中。

原已移屯在淮南和江南的南宋政府军队，全都把视线转

向临安，密切注视着这一事变的发展和变化。一些实力比较雄厚的将官，如韩世忠、刘光世和张俊等人，经高级文官张浚、吕颐浩等人的号召和联络，便都先后举起讨伐苗傅、刘正彦的旗帜，提出要求赵构复位的口号，率军向临安进发。

临安终究被"勤王军"攻下，建炎三年四月初一，又用孟太后的名义宣布赵构复皇帝之位，这次兵变到此宣告结束。起事部队中一部分将吏被擒获杀害，苗傅、刘正彦率众向江西、福建逃跑。韩世忠又率领大军一直追赶下去，终于把苗、刘二人捉获"正法"。

✵ 金军南侵 ✵

平息了兵变之后，宋高宗重新对朝廷的权力进行了分配。设立了御前五军，作为护驾亲军，以防止再次发生类似的事件。任命刘光世为御营副使、韩世忠为御前左军、张浚为御前右军、张俊为御前前军、辛永忠为御前后军、吕颐浩为御前中军。这样五军就成了南宋军事的主力。为了顺应民情，宋高宗从临安北上，来到了建康，做出要把建康作为陪都、时刻进行北伐的姿态。

1129年（建炎三年）夏季，金军由统帅兀术带领，大规模地向南进攻。杜充眼看高宗逃往临安，汴京成了难守的孤垒，于是擅自撤离汴京，移军建康去了。

这年五月，高宗迫于舆论，由临安北返建康，以高宗为首的南宋政府文武百官惶惶然，惟恐金军渡江南下，而高宗则接二连三地给金军首领写信乞和，其卑躬屈膝的丑态到了无以复加的地步。

是年秋天，金兀术率领大军，气势汹汹地向江淮扑来。宋高宗吓破了胆，他把防守建康的责任交给杜充后，自己又在投降派的保护下逃到临安去了。擅离汴京、极不负责任的杜充，非但没有受到斥责，反而被提升为尚书右仆射（右相）兼江淮宣抚使。

在金兵大举南下之时，淮河、长江之间的许多义勇之士都自发地加入到抗击金军的队伍之中，金军被他们所牵制，一定程度上延缓了南进的速度。但是也有一些无耻之徒乘金兵南下之机，勾结金军，做一些危害人民的事。

有一个河北雄州人，名叫李成，当过弓箭手。这个人武功高强，臂力过人，能拉开三百斤的硬弓，擅长使用双刀，打仗非常勇猛。他曾担任过归信县（今河北雄县）知县，归信县被金兵攻陷后，他率领数万人投奔宋高宗。

不久，李成因为不满朝廷对他的任职，带领几千人发动叛乱。但很快就被前来平叛的宋军所击败，他带领一千多人流窜到京东东路淄州（今山东淄川县）一带，占领了一座高山，在那里扎下了匪巢。他们时常出来对百姓进行抢掠，但金兵来时，他们却龟缩在山上不敢下来与金兵交战。

南宋朝廷决定将这股匪徒剿灭，就派杜充去攻打李成。杜充命王璞率本部人马一万三千余人进攻滁州，又命岳飞率本部人马数千人做策应。

岳飞接到杜充的命令后，马上率领部队渡过长江，并派侦察士兵迅速赶到前方打探敌情，然后在江北真州六合县的

宣化镇集结。

很快，侦察敌情的士兵向岳飞报告，说李成的五百骑兵正在偷袭王璜的物资供应基地长芦镇。岳飞得到情报后，下令急行军赶到长芦镇。当他行至一个叫九里冈的地方时，正与满载而归的李成骑兵相遇。

敌军头目冯进已经探听到有一支宋军正向他们这边赶来，但他以为宋军再快也不可能追上自己，于是带领着队伍，押着抢来的军需物资不紧不慢地往回走。他万万没有想到这支宋军的动作竟如此迅速。

岳飞抓住战机，不给敌军以喘息时间，给予迎头猛击，五百骑兵全部被歼灭，冯进被活捉。当岳飞将夺回的辎重钱帛如数交给王璜的时候，王璜竟不知道自己的后勤基地已经被劫了。

岳飞本来可以一鼓作气，去攻打李成，然后把他们一举剿灭。但他突然接到杜充的命令，说金军已经向这边逼近，命他和王璜的部队马上撤到长江南岸。

岳飞对这次军事行动半途而废感到有些失望，但他还是接受了命令。

第三章

岳家军

初建"岳家军"

金军气势汹汹地南下、逼近健康。杜充部下尚有六万人，他得到急报，忙令统制陈淬率岳飞、戚方、刘立、路尚、刘纲等十七将，统兵二万出战，又命王燮指挥一万三千人策应。金军有二十艘船，每次载一千人渡江，兵势很盛。

陈淬是福建路兴化军莆田市人（今福建莆田人），北宋亡国时，他的妻儿八人被金军杀害。国仇家恨，使他义无反顾。二万军士也保留了宗泽统兵时的战斗作风，与金军勇敢搏战。岳飞所率右军更是争先奋击，同金朝汉军万夫长王伯龙激战，王伯龙大概是一路欺压百姓惯了，不知道宋军中也有铮铮男儿，所以看见岳飞威风凛凛地向他冲来，竟然没有反应过来，在勉强接了几招后，嗷的一声转身跑了。

当时其它各支宋军往往一触即溃，或不战而溃，惟独原东京留守司军还是继承能打硬仗的传统，居然与金军激战十多个回合，未分胜负。不料王燮临阵逃跑，金军遂得以乘机击溃宋军。陈淬兵穷势尽，仍不后退，他大骂敌人，显利刃搠胸，至死神色不变。陈淬生前曾"自题其像"说："数奇不是登坛将。"但仍不愧为一位抗金烈士。岳飞坚持战斗，直至天色昏黑，在其他将领"鸟奔鼠窜"的情况下，整军退屯建康城东北的钟山。

金军渡江以前，杜充被寄予厚望，却深居简出，不见部将，除了诛杀无辜以立威之外，毫无应敌之方。岳飞曾强行进入他的卧室，泪流满面，慷慨陈词请他出去督师。岳飞凭借着作为得力部将的身份，尚有进行谏劝的资格，他恳请杜充出来视察师旅。

凶暴的杜充并未对岳飞怒斥，只是敷衍搪塞一番，推说到明天前往。其实，他深居宅院，闭门不出。

此刻杜充接到马家渡的败报，就慌忙乘船逃命。他刚下令打开建康城的水门，百姓的船只便抢先拥挤出城。杜充派人命民船让路，说："将军要上前线迎敌，请让开。"显然把老百姓当成了傻瓜。百姓们的回答让杜充目瞪口呆，他们说："我们也是去迎敌的。"胆大的还嘲讽杜充："将军平时杀起好人那么厉害，现在金兵围城了，怎么就没胆量了，只想到了跑？"

第二天，杜充终于率亲兵三千渡江，逃到江北。金人派人劝降，允许杜充组织傀儡政权，他立即无耻地叛降金朝。

宋高宗得知杜充投敌，好几天都吃不下饭，说，"我将杜充拜为宰相，这么厚待他，他竟然投敌了。"

其实，将一个庸才和懦夫如同擎天柱一般尊崇，也足见皇帝和大臣有眼无珠。杜充之出走和降敌，其实并非

完全是一件坏事。对岳飞说来，实为幸事。他从此得以摆脱杜充的束缚，自成一军，开始了独当一面的抗金活动。

主帅逃跑，留守建康的十万宋军军心动摇。部将纷纷率部逃出战区，自寻出路，逃跑像瘟疫一样蔓延开来。在这巨大的混乱和恐慌面前，只有岳飞岿然不动，在他的满腔爱国热情的鼓舞之下，没有逃跑的士卒被深深地感动了。

他们纷纷聚集在岳飞的周围，齐声高呼："我们愿听从大将军的调遣，抗击金兵！"一些打算四散回家的士兵，也定下心来继续跟岳飞抗金。岳家军有了初步建制。

辗转求生

由于是只孤军，岳家军给养困难。转眼间已是建炎四年初春了，岳飞却不能提供最低限度的衣食之类，供士兵们辞旧迎新之用。因饥寒所迫，有的兵士甚至违令私出抢掠。

有人向岳飞建议移屯常州宜兴县（今江苏宜兴市）。宜兴知县钱谌等人闻知岳飞之威名，也特地写信给岳飞，欢迎他率军保护县境，并说县里的存粮足供一万军人吃十年。

宜兴县东临太湖，北通常州，西面又逼近建康府通临安的大道，确是进可攻、退可守的军事基地。二月，岳飞统军进驻宜兴县，将兵营屯扎在县城西南的张渚镇。

原江、淮宣抚司水军统制郭吉转当土匪后，也盘踞于宜兴县。岳飞派人投信，以好言抚慰，约他共同抗金。郭吉却急忙带一百艘船，满载财物逃跑。岳飞闻讯后，命令部将王

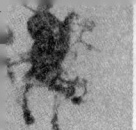

贵和傅庆领二千人追击，俘获了郭吉的几乎全部的人和船。傅庆是卫州窖户出身，他原是刘光世部将，在马家渡之战后追随岳飞。两人都是能征惯战的勇将，成为岳飞的左右手。

在宜兴县境，尚有三支土匪。马皋和林聚各有几千人，岳飞派遣辩士劝降，得到了成功。另一支土匪，头目号称张威武，不肯投降。岳飞单骑闯进他的巢穴，乘张威武惊愕之际，将他斩死，并收编了其全部人马。

在内祸外患交迫的岁月里，广大民众的生命财产朝不保夕。居然进驻了一支与众不同的军队，对民间秋毫无犯，这不能不使宜兴人民喜出望外，交相称誉，人们用朴素的语言称颂岳飞，说："父母生我们比较容易，将军卫护我们却比较艰难。"

甚至很多外地人也争先恐后，移居宜兴县避难。按中国古代的隆重礼节，宜兴人民出资为岳飞建造生祠，以表达大家感激之情。古代的祠庙用于尊崇先贤、祖宗，以至神仙鬼怪之类，为活人营建生祠，乃属特例。当地民众简直将岳飞尊奉为神人，这在古史上是少见其例的。

岳飞对待河北、河东等地的金人征发的汉人军队，一贯将他们视为自己的骨肉同胞，不歧视，不苛待，尽量做争取工作。于是"岳爷爷"的声名远播，成千上万的人争先恐后地前来降附。

在降官如毛、溃兵似潮的逆流中，岳飞卓尔不群，他以必胜的信念，顽强的毅力和恰当的措置，发展和壮大了自己的队伍。

这个二十七八岁的青年统制开始担任主将，他按照自己

的意图和风范，塑造一支抗金劲旅。后来，人民称这支雄师为"岳家军"。

著名爱国诗人陆游诗云："剧盗曾从宗父命，遗民犹望岳家军。"岳家军当时尚不是一支大部队，无力挽狂澜于既倒；但在江南的抗金战场上，已不愧为中流砥柱。

光复建康

当时，金帅兀术改变战略，转攻为守。他将明州沿海及临安等地的金兵召回平江府（今江苏苏州市），想集结兵力，沿运河、长江退回建康，进行重点防守。

金帅兀术把江南的部队集结完毕，就气势汹汹地向建康进发。兀术的先头部队刚刚出发，他的后军船队便受到宋军统制陈思恭的攻击，太湖的一场恶战，金兵被痛击得狼狈不堪，仓皇起锚北撤。

金兵北撤途中，行至运河与长江交叉的河口一带时，遇到韩世忠八千水军的阻截。韩世忠以江心的焦山岛为基地，把巨大的战船一字排开，横断江面，切断了金兵的归路。金兵虽然拥有不少战舰，但战舰都不大，而且不善水战，尽管在数量上超过韩世忠的兵力十余倍，但左突右冲，始终突不破韩世忠的防线。不得已，他们只好沿着长江南岸的浅水区：且战且走，向西移动。

对这一带江面地形非常熟悉的韩世忠将计就计，将金兵逼入一个水面宽阔的湖泊——黄天荡。最初，金兵以为这

里水面宽阔逃生有路，结果发现这是一个死港，只有一个出口，出口已被韩世忠的战船封锁。金兵进退无路，只好负隅顽抗。双方相持了四十余天。

就在兀术焦头烂额、进退不得的时候，有人给他出了个主意，让他买通了当地一个熟悉地形的汉奸，在这个人的指点下，兀术选择一个距离最短的地段开挖了一条直通长江的水道，金军船队才绝地逢生，开到了长江江面。

韩世忠发觉后马上追击。但是，他率领的庞大舰只只能靠风帆运行，此时江面的风力很小，船速很慢。金兵又向韩世忠的船队发射火箭，韩世忠的战船一艘接一艘地起火，只好退下阵来。逃过一劫的兀术为了尽快撤到建康，把全军分为两路，水陆一齐进发。

岳飞得知金军从干江府北撤的消息后，认为这是乘胜追击的绝好时机，便与刘经商议，最后决定由刘经镇守张褚镇的大本营，自己率领部分精兵向建康方向进军。

金军刚刚击退韩世忠，岳飞的队伍就赶到了长江南岸，建康成了金军在江南仅存的立足点，对于再下江南，吞灭宋朝，无疑有非常重要的军事价值。当兀术和韩世忠在江上对峙时，建康的金兵在城东北的钟山、城南的雨花台构筑大寨，开凿了两道护城河，并在山上挖洞，以供避暑之用。

从海上归来的宋朝朝廷，暂驻越州，将建康的金军视为莫大的威胁。南宋君臣为此调动了可以调动的全部兵力，命令张俊全权负责收复建康事宜，可是卑怯的张俊宁可任人唾骂，也不敢向建康前进一步。勇敢承担克复建康重任的，只有岳家军。

四月二十五日，岳飞发起的清水亭之战告捷，敌人横尸15里，斩得耳戴金银环的女真人头175级，活捉女真、渤海、汉阳军45人，缴获马甲、弓、箭、刀、旗等器械3700多件。

在敌众我寡的情势下，要围歼兀术大军，是不可能实现的。岳飞采用的策略是自南而北，驱逐敌人过江。建康城南30里有一座山，上有双峰，东西对峙，故取名牛头山。

岳飞在牛头山设伏兵，伺机歼敌，到了晚上，轮流派出100名士卒，身穿黑衣，混入金营骚扰，使金军在惊慌中互相攻杀。后来发觉上了宋军的圈套，便加强了巡逻警戒，不让宋军混入金营。

岳飞又派士卒衔枚伏在路旁，等金军"巡卒"过来时，一一加以擒获。直弄得金军损兵折将，惶惶不安。从四月到五月，岳家军同敌军战斗几十次，都取得胜利。

战事不利，使兀术觉得久留建康无益，遂移于建康城西北15里的靖安镇，并加紧在城里掳掠和破坏，纵火焚烧三日，抓走居民、官员中的强壮男女，疯狂屠杀城中市民。

一个原有17万居民的城市，只剩下一片废墟，逃生者仅十分之一。

乘金军装载辎重、驱赶大批劫掠人员缓缓北渡之际，在张俊、刘光世等大军远离建康的情况下，岳飞率一支孤军直趋靖安，拦击金军。前建康通判钱需则召集乡兵从侧面袭击金军，以配合岳家军的正面进攻。

五月十一日，兀术从靖安镇撤到对岸的宣化镇，岳家军追到靖安镇，消灭了最后一批金军。战士们跳上尚未逃遁的敌船，残敌多被击溺于江水之中。岸上的铠甲、兵器、旗鼓、辎重、牛驴等等，数以万计，或纵横委弃，或堆积如山。

建康战役历时半月多，杀敌3000多人，擒获千户留哥，其中光是靖安一战，即俘金兵300多人。

这是岳家军的首次大胜利。从此金军不复在江南留下一骑一卒，建康收复了。

建康的收复，使岳飞、岳家军名声大振。岳家军进驻建康城。城中遍地灰烬，街巷和屋宇已面目全非，居民的尸体纵横，血流通道，很多伤残者还在呻吟呼号。后来收拾和掩埋残缺不全的尸骨，竟达七八万具。

此外，还有大批的人口被敌人驱掳过江。这座平时拥有近20万人口的大城市，遭受了毁灭性的浩劫。

金兀术渡江南侵，最后以失败而告终。在南宋爱国军民的打击下，金军从此不敢渡江，从而保证了南方不受战祸蔓延之害，有利于南方的生产和社会秩序的安定。

壮大 "岳家军"

岳飞一举收复了建康城，使"岳飞"和"岳家军"的名字，传遍了大江南北，也使人民看到了收复失地、消灭金军的希望。

岳家军刚刚进入建康城，正准备进行休整之时，突然接

到大本营宜兴的亲军急报，说驻守大本营的刘经要杀害岳飞的母亲、妻子和儿子，并要吞并他的军队。

这个消息让岳飞大吃一惊。自从建康失守之后，岳飞和刘经是在战乱的年代里同甘苦共患难的兄弟。岳飞对刘经十分信任，所以才能在自己出外作战时把部队和家属交给刘经。但他万万没有想到刘经居然要对他的亲人下毒手。

在当时的动乱环境中，将士之间争权拼杀也不是罕见的事，岳飞对这个消息毫不怀疑，他当机立断，派自己的心腹部将姚政星夜赶回宜兴，让他除去刘经，拯救老母和妻儿。

姚政赶到宜兴，见刘经尚未下手，才放下心来。他立即按岳飞的嘱咐，派人去见刘经，假称有急事，请刘经到岳府商议。此时刘经的计划是先杀掉岳飞及其家属，然后吞并岳家军，自己独霸一方。他还不知道消息已经走漏，更不知道这是岳飞设的计谋，便毫无戒备地随同来人进入岳府。

姚政早在岳府周围布置了伏兵。刘经刚一踏进门槛（kǎn），姚政立即大喝一声："大胆刘经，你意图不轨，阴谋已经败露，我奉岳将军之命，在此等候你多时，速速束手就擒吧！"

刘经心里一惊，还没等抽出剑来，就被伏兵杀死。姚政马上把消息报告给岳飞。随后，岳飞亲自带领部分人马赶回来。他见母亲和妻儿尚在，刘经也已被斩除，立即召集刘经的部下，向他们揭露了刘经的阴谋，宣布刘经已经被除，并安抚他们，要他们继续跟随自己抗金。

从此之后，岳飞和刘经旧部合二为一，由岳飞独立指挥这支人马。这样一来，岳家军的实力大增。

不久，岳飞将建康城交给上司，归地方官治理，自己将全部人马调回宜兴。

岳飞一举收复建康的消息传开后，犹如给漂泊不定的南宋王朝吃了一颗"定心丸"。宋高宗为了安定人心，振奋军威，决定举行隆重的献俘仪式。

所谓献俘，是大宋时期封建军制中炫耀胜利和战功的最高礼仪。参战的主将要亲自到朝廷面见君主，向君主呈报胜利的报捷书，将砍下的敌军首级、俘获的敌军将士、缴获的战利品陈列在检阅场上，由君主亲自接受捷报，阅视战利品，检阅参战部队，嘉奖立功将士。

按当时岳飞的军阶品级，他还没有直接参拜皇帝的资格。但是，鉴于岳飞收复建康的功劳，宋高宗为了树立榜样，破格让岳飞享此殊荣。

岳飞接到旨意后，十分兴奋。他立即率领部队，押解战俘，携带战利品前往宋高宗的驻地越州。五月下旬，献俘仪式隆重举行。岳飞按当时的礼节，跪在宋高宗的脚下，用激动的声音奏报战绩。

此时的岳飞，回想起自己的从军经历，不禁心潮澎湃。

少年从军，转战南北，历尽千难万险，经过几次生死考验，今日能目睹天颜，亲自接受天子的接见，这是自己奋勇拼搏的结果，也是朝廷对自己的认可。奏报完毕后，宋高宗在文武百官及岳飞的顶头上司张俊的陪同下检阅了军队和战利品。

但是，岳飞并没有因为这次接见而忘乎所以，他知道，这次胜利只是收复失地的开始，更大的困难还在后面——他

的思路始终没有离开收复失地这一主线。

张俊原来根本看不起岳飞这位农民出身的军官。这次战役本应是他亲自率兵参战，但慑于金兵的威力，他龟缩不前。不料，受他领导的岳飞却不顾势单力孤，一举收复建康。这个战绩是岳飞的，但作为岳飞的领导，也有他张俊的一部分功劳，因此他趾高气扬，完全不把与自己地位相同的韩世忠和刘光世等放在眼里。

从此，他对岳飞有了特殊的好感，并想趁机把岳飞拉过来成为自己的亲信。于是，他抢先把宋高宗要任命岳飞镇守饶州（今江西鄱阳县）的意图告诉岳飞。

张俊把这个消息告诉岳飞的目的是想把提拔岳飞同自己的美言联系在一起，他以为岳飞听后一定会非常高兴并会对他感激涕零。能够受命镇守一方，这是由中级军官晋升为高级军官的标志，也是从受人节制的将官晋升为一方主将的必由之路。

张俊万万没想到，岳飞对他的好意毫不领情，岳飞的志向是收复失地，希望朝廷能把他调防到抗金主战场上。他对朝廷这样的任命很不满，并且对这种用人不当的做法感到很困惑。

宋高宗召见岳飞时，对他的战功给予了肯定，并赏给他大量财物。岳飞也趁此机会辞去镇守饶州的任命，表示愿意到淮河流域的抗金战场任职，为保卫朝廷做出贡献。

宋高宗虽然对岳飞的抗命有所不悦，但知道他确实是个不可多得的军事人才，有这样一个人对自己忠心耿耿，自己也心安不少，于是就答应了岳飞的请求。

泰州之战

金兀术退出建康后，仍然沿着运河急速向北撤退，在攻打承州（今江苏高邮县）、楚州（今江苏淮安市）时遇到南宋驻军的拦截。

由于宋军部队都各自为战，互相不配合、不协调，有的甚至中途退出战场，这样金军很容易就把扬州和承州攻破了。镇抚使赵立率领的部队退守楚州，兀术派大批部队围困楚州城。金军几次攻城都被赵立打退了，双方相持不下。

金军与宋军在江北战场激战正酣之时，宋高宗派张俊在陕西大规模集结军队，以抵抗金军的进攻。金兀术奉命西调，围攻楚州的任务交给了原来主持淮南战场的金将挞懒。

这一变化为宋军解除楚州之围提供了机会。宋高宗命张

俊援救楚州，张俊以兵力不足为由拒绝受命。后来，宋高宗又命刘光世出兵楚州，刘世光也找出种种借口，推辞不去。

岳飞到达泰州后，便听说金兵围困楚州的消息，他立即做出调整，自己率领一部分精干骑兵小分队首先渡江，又命张宪率领其余的万余人及家属四五万人渡江。

岳飞抵达泰州后，首先出榜安民，接着整顿泰州军务，召集泰州士兵比试武艺，从中选出一百名身高体壮、武艺高超的士兵充当自己的亲兵。不久，张宪率领的大队人马到达泰州，岳飞下令严守军纪，不得骚扰百姓，这些举措深得泰州人民的拥护。

一切都安排完毕，各项工作已步入正轨，岳飞命张宪留守泰州，自己率领数千精兵火速赶赴楚州助战。

不久前失守的承州正处于泰州和楚州的中间，是援楚的必经之地，这里有金兵重兵把守。为使援楚成功并解除后顾之忧，必须先攻克承州，于是，岳飞命令部队对着金兵承州大营扎下营寨。

但是，岳飞的兵力实在太少，以区区数千之众与实力强大的金军作战，无异于以卵击石。他向刘光世连续发了两封公函，请求拨给十天的粮草，调拨两千人马。

但他的公函如泥牛入海，没有一点回音。此时岳飞的部队已处在孤军无援的境地。在这种情况下，岳飞仍然主动出击，进行殊死搏斗，前后三战三捷，俘获金兵将士七十余人，但即使如此，仍由于兵力太弱，始终未能攻克承州。

此时，楚州战况日趋恶化。金军集中全力日夜不停地攻打楚州，赵立率军顽强守卫。在楚州外围，只有赵立的结义兄弟淮安军镇抚使李彦先的少数人马牵制金兵。但金军的人马实在太多了，楚州城岌岌可危。

建炎四年（1130年）九月中旬，赵立在城楼指挥反击时，被金兵炮石击中头部，壮烈牺牲，临死时还大声疾呼消灭金贼。

此时的楚州城早已粮尽援绝，守城的兵将也寥寥无几。最终楚州被金军攻克，只有少数将士突围。此后金兵集中兵力围攻驻扎在北神镇的李彦先部，李彦先进行了浴血奋战，但寡不敌众，全军覆没，李彦先全家为国殉难。

李彦先全军覆没后，楚州的金兵移师南下，集中围剿岳飞。岳飞面临两面夹攻的险恶处境。已经率先撤兵的刘光世命令岳飞退出承州战场，退守通州、泰州。

岳飞接到命令后，忍痛率领数千将士撤退。金兵在后面紧迫不舍，想要一举消灭这支抗金劲旅。面对数十倍于自己的金军，硬打硬拼显然不行，为了保存实力，岳飞指挥全军边战边撤，并在承州的北炭村和泰州的柴墟镇等地重创了追击的金兵。金军料不到岳家军如此顽强，便停止了追击。岳飞的队伍安全撤回泰州。

退守江南

岳飞正在集中精力抵御金兵的进犯，不料却遭到刘光世的诬陷。刘光世本来是援楚战役的总指挥，但他畏敌如虎，不仅不肯亲临前线，甚至连派主力部队过江、做出援救姿态

的事都没做。楚州失守，他理应负主要责任。

为了推卸责任，他杀掉率轻兵渡江作战的偏将刘镇和王阿喜，给他们扣上不依军令作战的罪名。在向朝廷奏报楚州战役的情况时，又把责任推到岳飞身上，说岳飞不听从指挥，贻误了战机而导致援楚战役的失败。

宋高宗虽然知道楚州失守的原因，但对这位拥有重兵、名列三大主帅之一的刘光世也无可奈何。

因此，高宗既没有责罚岳飞，也没有责怪刘光世，仍然要刘光世领导江北各镇抚使，加强江北的联系和防务，还指示岳飞，要全力固守泰州。但是，刘光世并没有按朝廷的指示去做，仍然不给岳飞增兵拨粮。

金军攻克楚州后，集中兵力把楚州附近的抗金义军扫荡一空，这样他们就没有了后顾之忧。随后，金兵统帅挞懒亲率二十万大军，向岳飞驻守的泰州扑来。

就在金军自楚州沿运河南下袭击岳家军之时，鼍（tuó）潭湖（今江苏高邮北）以张荣为首的一支义军挡住了金军的去路。

张荣原为梁山泊渔民，金灭北宋后，他聚集了几百人起来抗击金军，因为作战骁勇，人们就称他为"张敌万"。

金军占领扬州后，张荣率义军乘船沿清河南下，驻扎在

◎梁山泊：位于山东省西南部梁山县境内，古称泽国。形成于五代，苏辙在《夜过梁山泊》中留下"更须月出波光净，卧听渔家荡桨歌"的优美诗句。是《水浒传》梁山英雄活动的主要场所。

鼍潭湖水域，用黏泥茭草筑成水寨，最多时聚集了一万多

人，在承、楚二州之间的樊良、白马、新开等湖泊内袭击金军，屡次获胜。

这次金军到达后，利用十一月湖水冰冻之机，进攻鼍潭湖义军水寨。经过激战，张荣孤军终于抵挡不住金军的强大攻势，为了保存实力，只好烧毁积蓄的物资，放弃水寨，转移到通州、泰州境内。

泰州地临沿海，没有山险可依，也没有粮草可供补给，刘光世不给予援助，以致岳家军的装备非常差，许多士兵在寒冷的冬季都没有棉衣穿，处境十分困难。岳飞把金军进攻的消息报告给朝廷，希望朝廷能给予援助。但朝廷的答复是，能打就打，能守就守，实在不行就撤退。

岳飞仔细分析了形势，感到敌我的力量对比实在太悬殊，就决定放弃泰州城向南撤退，以便保存实力。

在柴墟镇有一道九里多长的城墙，岳飞打算以此为屏障抗击金军，掩护几十万百姓渡江南撤。金兵追到柴墟镇，岳飞率军与金兵展开激战，金军把岳家军层层包围，企图依靠人多势众全歼岳家军。

岳飞奋勇杀敌，往来冲突，身负两处枪伤，仍然与全体将士并肩死战，杀死了许多金兵，致使河水都变成了红色。金兵的进攻再一次被击退。

岳飞亲自率领两百名精锐骑兵断后，催促大批百姓尽快过江。部队和百姓顺利渡过长江，脱离了险境。回到江南的岳家军，奉命在江阴驻防待命。从此，岳飞的军事生涯进入了另一个阶段。

第四章

收复襄阳

秦桧当权

这时，金朝的侵宋战略发生了重大变化。在如何处理与南宋关系的问题上，金朝统治者内部发生了分歧，重臣粘罕和四太子兀术是主战派，主张用武力消灭南宋王朝；将军挞懒是主和派，主张对南宋实行怀柔的战略，逐步瓦解南宋王朝。最后，主和派的势头压过了主战派，金朝统治者鉴于在江南作战失利，长期战争使金朝的人力、财力、物力不足，而采用了挞懒的对南宋中央的诱和政策。但为了平衡各派力量，又派主战的四太子兀术继续采取武装进攻的政策。

建炎四年（1130年）九月，金朝统治者在南宋降官中挑选了一个叫刘豫的人，指定他当傀儡皇帝，国号齐，定都在汴京，历史上叫做伪齐，管领山东、河南等地。挞懒则派遣被俘宋臣秦桧潜回临安，作为内应，伺机颠覆南宋政权。

秦桧，建康人，字会之。北宋末年任御吏中丞。当初，金朝扶植张邦昌当傀儡皇帝时，他为金朝出谋划策，建议只有扶植赵氏家族的人当皇帝才能被中原人民接受。

因此，金朝的统治者非常赏识他。金兵攻克汴京后，宋徽宗、宋钦宗被金军劫持到北方，秦桧也被一起带往长城以北。挞懒任命他担任"参谋军事"之职，替自己出谋划策。挞懒担任淮南战场金兵主帅时，携带秦桧一起出征。此时的秦桧已深得挞懒的信任。秦桧在挞懒的示意下，携带家属和贵重财产溜出楚州向南逃窜，一路上金兵假装追击，以打消人民对他的怀疑。于是秦桧不失一人一物地顺利渡过长江。

秦桧南归后，自称是逃离虎口的宋朝忠臣，同时，他又说自己在北地时见到了皇帝赵佶，这自然引起了宋高宗的注意。于是高宗急忙召见秦桧，想多了解金国和赵佶的情况。秦桧趁此机会极力讨好高宗，又说自己同金兵主帅挞懒关系密切，并暗示说，如果想同金朝议和，自己可以出面联络。高宗很看重秦桧与挞懒的关系，立即任命他为礼部尚书，后来又升秦桧为宰相。

◎礼部：中国古代官署。南北朝北周始设。隋唐为六部之一。历代相沿。长官为礼部尚书。考吉、嘉、军、宾、凶五礼之用；管理全国学校事务、科举考试及藩属和外国之往来事。

取得高宗的信任后，秦桧马上实行破坏大宋统治的计划，抛出"南人归南、北人归北"的政策，其主要内容是金宋双方彼此承认对方政权及其既成的统治区域，结果受到朝野上下一致声讨，连高宗都气愤不已，一怒之下罢免了秦桧的宰相之职。但高宗为了保持一条同金朝妥协的渠道，没有对秦桧给予更严厉的处分，为以后宋金议和时重新起用他留了一条退路。

平定流寇

由于金朝内部的主和派暂时占了上风，放松了对南宋的进攻，战争形势表面上有所缓和，金军一时没有南下的迹象。以宋高宗为首的南宋统治集团得到了暂时的喘息机会。

这时候，安内成了主要问题。自从金军入侵，天下大

乱，流寇盗匪横行。在江西、湖南、湖北一带，那些窜扰不定、结队劫掠的兵匪游寇极其猖獗，他们霸占地盘，洗劫州县，无恶不作。

由于受到游寇的危害，老百姓处于水深火热之中，连遭内乱外患之苦，无路可走，纷纷起义，自己建立政权，抗赋税，保家园，以求得生存。鼎州（湖南常德）钟相起义，就是为了反抗游寇孔彦舟而组织起来的。从稳固南宋政权考虑，游寇这一祸害必须先行剔除。

于是，宋高宗任命江南路招讨使张俊为江淮路招讨使，要他率领军队讨伐在江淮、两湖地区为患最为严重的游寇李成、张用、曹成。

李成已经成为南宋政府的心腹大患。李成自称"李天王"，拥众数十万，其势力达到江淮十余州，曾率兵围攻江州（今江西九江）三个月，朝廷派出几名大将皆不能解围，朝廷为之震动。

后来岳飞赶到洪州，才改变了消极防守的局面。岳飞向统军大将张俊建议，由洪州赣江上游绕到敌后，攻其不备，并且自愿担任先锋。

三月七日，岳飞身披重铠，带头越马泅渡，于是大家依次过江。双方进行了大会战，岳家军首先突击马进的右翼，大败敌人，马进逃跑，岳飞抢先追逐。沿途有座小土桥，岳飞率几十骑过桥后，土桥坍了，马进乘机挥军反扑，岳飞一箭射死敌方的先锋将，指挥几十名骑士奋勇死战。张俊派人修复土桥，大军继进，马进再也支持不住，便逃往筠州。

马进战败后，向北逃窜，寻求李成援助。岳飞连夜率领

将士衔枚急行军，赶到马进前面，在朱家山埋伏。待马进的残部逃到朱家山时，伏兵一鼓作气进行了歼灭战，马进只剩十几骑仓皇逃跑。

李成不甘心失败，留马进守江州，亲自领兵反扑。他命部将商元在洪州新奉县楼子庄的草山依险设伏。

张俊的大军由小路冲上山顶，杀败伏兵，夺取险隘，把李成的反扑计划彻底粉碎了。此战使张俊获得"张铁山"的称号，其实这主要得力于岳飞等部的奋战。

这一战役后，李成损兵折将，已无力反攻了。李成逃到洪州武宁县，恰好洪水暴涨，残兵败将们还来不及渡河，岳家军已如神兵天降，匪徒们四散奔逃，溃不成军。李成不敢再在江南停留，到了三月底，江南已无这支匪军的踪影了。后来李成逃奔到了伪齐。

从此以后，李成不得不收敛自己的野心，心甘情愿地匍匐于金朝"子皇帝"刘豫的足下，成为刘豫最得力的爪牙。

李成北逃后，鄱阳湖一带还活跃着一支以张用为首的土匪武装。张用原是杜充部下军官，杜充任汴京留守时，他脱离杜充，靠劫掠为生，曾多次击败官军。金兵南进，张用和曹成合为一股，在淮北一带流窜。

在此期间，前抗金名将宗泽的得力助手闾励曾遇见张用，劝他投奔南宋，为抗金效力。为了笼络张用，闾励把义女、已故官军统制马皋之妻"一丈青"改嫁给张用为妻。"一丈青"武艺高强，号称"万人敌"。

但张用并未归顺南宋。后来淮西缺粮，张用和曹成的十余万人马便流窜到德安府（今湖北安陆县）一带抢掠。在他们内部，争权夺利、互相残杀之事也时时发生。张用为避免暗遭毒手，便率领数千亲兵拔营离去，到汉阳（今武汉市汉阳）一带后又扩充了人马。

张俊大军驱走李成之后，移师鄂州，企图一举降服张用。张用知道自己势单力薄，便避开官军，向分宁县（今江西修水县）一带流窜。此时，曹成部土匪也向分宁一带靠拢。为了分化张用和曹成，张俊令岳飞劝张用归降。

岳飞曾在汴京城外以少胜多打败过张用，岳飞的勇猛令张用折服。同时，岳飞与间励的关系亲密，也使张用之妻一丈青对岳飞有一种信任感。于是，张用夫妻决定归降。张俊任命他为统制，挑选张用所部精壮士兵五万人改编为官军，其余老弱病残遣送回乡。

收降张用之后，张俊派岳飞驻防洪州。后来岳飞又收编了几支脱离编制的小股官军，岳家军的实力再次壮大，岳飞也把全军家属接到洪州。

经过这几次战役，张俊对岳飞的智谋和胆量更加赞赏。张俊回到越州向朝廷报捷时，他在宋高宗面前力陈岳飞的功劳。在这次军事行动中，岳飞对取得全局的胜利确实起到了关键性的作用。因此，朝廷将岳家军的规格提升为神武右副军，任命岳飞为统制。并受命驻守洪州。

镇守洪州一年，岳飞严格要求部队，不许将士骚扰民舍。因此，数万之众屯驻洪州，市面上见不到军人，赢得了当地老百姓和士大夫的尊敬。士大夫常去拜见岳飞，一次，有人问岳飞："天下将何时太平？"岳将军回答得十分干脆："文官不爱钱，武官不怕死，则太平矣。"

✸ 青年大帅 ✸

自金军入侵以来，南宋王朝只顾逃跑，朝政都无法处理，军事建制更是完全被打乱，作为禁军的神武军也名存实亡。在宋金战局相对稳定的情况下，宋廷整顿了神武军的建制，韩世忠统率神武左军，张俊统率神武右军，两人都挂都统制衔。王燮统率神武前军，陈思恭统率神武后军，两人都挂统制衔。岳家军被转为神武右副军，这意味着岳家军由一支地方部队晋升为皇帝的禁军。

岳家军的建制提高了，但岳飞本人的官职并未得到提升。汴京失陷之前，岳飞就已经晋升为统制，至今没有升迁，仍然挂统制衔，未免让人感到不公平。不过岳飞对此事并不介意。

岳飞的部下认为朝廷应该给岳飞一个与他的功劳相当的官职。在岳飞手下担任文书工作的高泽民向枢密院请求授予岳飞都统制或相当于都统制的职务。宋高宗认为这个建议合理，因为岳家军已经拥兵两万余人，早已超过一般统制统兵数千人的规模，加上岳飞战功显著，况且南宋王朝正在用人之际，提升岳飞为都统制也顺理成章。

恰在此时，原神武副军都统制辛企宗因为镇压农民起义不力而被削职，南宋朝廷便把神武右副军升格为神武副军，任命岳飞为神武副军都统制。并铸金印赐予岳飞。

从此，岳飞跻身大将行列，与刘光世、张俊、韩世忠并称南宋四大将领。

这一年，岳飞二十九岁，韩世忠四十二岁，刘光世四十二岁，张俊四十五岁。岳飞是最年轻的大帅。

岳飞受任不久，朝廷令岳飞率本部兵马前往潭州（今湖南长沙市）就任知州兼荆湖东路安抚使、都总管。又任命前抗金重臣李纲为荆湖、广南路宣抚使，负责剿灭活动在湖广一带的土匪曹成，令岳飞、韩世忠等归其统领。

曹成拥有七万之众，其中精兵强卒达三万人之多，气焰非常嚣张，杀官掠民，无恶不作。岳飞所在的洪州离道州最近，其他各路兵马尚未集结，岳飞便先率军出征。他把家属安置在吉州，只留两千人守护，自己亲率一万名将士挺进袁州（今江西宜春县）。最后以绝对劣势的兵力战胜曹成主力，并收复一员大将杨再兴，在朝野引起极大震动。曹成兵败之后，主力已经丧失，继续向内地退却，逃往郴州（今湖南郴州市）一带，迎头遇到前来支援岳飞的韩世忠率领的官军主力。此时曹成已到了穷途末路，不得不接受韩世忠的招安。曹成流散在各地的残余势力也被岳家军一一肃清。

此次出征，岳家军纵横江西、湖南、广西、广东四路，往返奔袭数千里，战绩辉煌。李纲称赞他"治军严肃、能立奇功"，一定会成为"中兴名将"。南宋朝廷为表彰他的战绩，又加封他为中卫大夫、武安军承宣使之衔。

岳飞虽然取得大胜，为稳定南宋王朝后方起到重要作用，但他并不是很高兴，因为这些流寇部队不过是"蝼蚁之群"，扫平这些丑类绝不是什么功劳，他的志向在于收复疆土，恢复故国。

岳飞班师路过湖南祁阳县大营驿时，有感而发，在一

面石壁上题词："他日扫清胡虏，复归故国，迎两宫还朝，宽天子宵旰（gàn）之忧，此所志也，顾蜂蚁之群，岂足为功？"这句话说得很明白，他的志向在于抗金复国，不只是扫平几个流寇。

绍兴二年（1132年）夏天，高宗颁旨召见岳飞，要对他予以嘉奖。岳飞带长子岳云从九江出发，沿水路到了临安。同年九月十三日，岳飞父子受到高宗召见。

高宗对岳飞嘉奖了一番，除了赏赐鞍马、战袍等外，特赐岳飞一面锦旗，上绣高宗手书"精忠岳飞"四字。又授予他镇南军承宣使、江西沿江制置使等职。

岳飞能被皇上召见，自然是一件荣幸的事，使他受到极大鼓舞。一个举兵北伐、恢复失地的强烈愿望顿时萦绕在他的心头。他在宜兴张渚镇一所古庙的墙壁上，怀着必胜的信念写下了一篇《五岳祠盟记》。

在这篇文章里，他以简洁的文字、激昂的语言，再次抒发了誓死消灭金兵、收复故土、迎还"二圣"的决心。

治军有方

岳飞被提拔为镇南军承宣使、江西沿江制置使之后，他负责的军事防区也扩大了，跨越长江南北，方圆达数百里。

而岳家军最深入人心的不是他们的战功，而是他们严格的军纪。在军纪方面，岳家军是卓而不群的。

岳飞的出身和经历，使他熟知百姓受军队欺压、士卒受将领欺凌的痛苦，对腐败的军纪军风深恶痛绝。自他脱离杜充的羁绊，独立掌管几千人之日起，他就重视对部下的管教和队伍的整顿。岳飞不惜用铁的手段，来维护军队的纪律和声誉。岳家军每到一地，岳飞必定亲率十余骑，周边巡视，检查军纪执行情况。

有一次行军，岳飞发现沿途一所新盖的店屋上缺少一片茅草，便立刻传问店主。店主说，军队并没有打扰过百姓，这里本来就缺少一片茅草。

岳飞不相信，于是下令追查，终于找到一个马军。马军承认上马时不慎，弄下来一束茅草。经店主苦苦求情，那个马军才没有被斩首，但重责100军棍却是免不了的。

岳家军行经乡村，一般都露宿在民户门外，百姓开门接纳，兵士也不敢进屋。早晨启程时，民家屋外堆放的草苇依然如旧。有一次路过吉州庐陵县，一些军士借宿集市的民家。天亮以后，为主人洒扫门庭、洗涤盆碗，然后整装出发。知州要为岳飞送行，岳飞却早已混迹于士兵之中不见了。

经过成年累月严格的军纪实践，岳家军渐渐概括出两句著名的口号："冻死不拆屋，饿死不打掳。"

严厉的军法约束着官兵，使他们不敢为非作歹，凡是践踏民间禾稼、买商品压低价格等等，都必斩无赦。有的兵士因为取民户一缕麻，立刻被斩首。

驻扎江州时，有个士兵向湖口县人项某买些薪草，项某自愿少收二文钱，这个士兵一直不肯，说："我可以用二文钱换我的脑袋吗？"

岳飞认为，治军务必有个"严"字。他治军虽严，却严而不酷。有一次，他看见提辖官鞭打军士，就立刻制止，说只要教训教训他就可以了。岳飞对待部属严中有宽，更难能可贵的，是他能与士卒同甘苦。自己以身作则，"一钱不私藏"，严禁部将克扣军俸。

他平日时常和最下等的军士共餐，酒肉一定均分部属，如果酒太少，就搀水共啜。行军时，逢军士露宿，自己也不入馆舍；出征时，命妻子遍访将士亲属嘘寒问暖；战斗时，时常一马当先，身先士卒。营中有伤病的兵士时，岳飞则亲手为他们调药，亲自慰问。全军同心同力，每次举行抗金誓师，岳飞谈到祖国的祸难，往往热泪横流，全军战士无不受其感动，纷纷表示愿效死力。

岳飞的努力取得非常大的成功。后来幕僚黄纵看到一名士兵，在寒冷的天气只穿一件单麻布衫，问起情由，这个士兵回答说："别的军队都克扣军俸，还强迫士兵作丝棉袄，自己虽然穿得暖，家眷不免挨冻受饿。岳相公则不然，不克扣一文钱，俸钱听凭士兵自由支配。我因家口多，花销大，又不是长官克扣我，有什么可以怨忧的呢？"像岳飞这样廉明正直的统帅，必然赢得将士的信任和爱戴。

慷慨渡江

当时，岳飞的军队成为维护江西、湖广一带封建统治的支柱。岳家军五千人留在虔州，三千人移师广州，岳飞亲率万余人回到江州，承担长江中段的防务。

其时，伪齐政权皇帝刘豫正积极为其主子效劳。在军事上，他收留被岳飞追得走投无路的李成，任命李成为北齐军事主帅。在政治上，他收买一些在北宋时期有影响的人，对南宋展开政治攻势。但是，伪齐政权的地位并不稳固，活跃在洛阳之南的伊阳山寨的翟兴领导的义军成为他的心腹之患。刘豫多次派兵进行围剿，但屡战屡败。后来他买通内奸将翟兴暗杀。

翟兴之子翟琮发誓为父报仇，不断攻击伪齐，力图消灭刘豫政权。翟琮一方面联合南宋襄阳驻军统帅神武左副军统制李横、随州知州李道，另一方面联络伪齐政权内部伺机起义的爱国将领彭圮、赵起、朱全、牛宝、朱万成等，向刘豫政权发动进攻。

李横、彭圮等为一路，先后攻克汝州、颍昌、信阳等地，从东路直逼汴京。翟琮率赵起、董贵、赵通等攻入洛阳，处死了伪齐河南尹孟邦雄。李道招降了伪齐唐州知州胡安中。

刘豫的节节败退暴露了其伪政权的脆弱，他急忙向金朝求援。金朝派大将兀术率兵来到汴京，与李成合兵一处，在汴京西北羊驰岗同宋朝官民联军展开决战。李横、牛皋

（gāo）的队伍经不住金兵重甲骑兵的冲击而溃退。

邓州、随州、襄阳、郢州相继被金齐联军攻克。翟琮的军队也被金齐联军赶出洛阳。

这次战役的结局对南宋极为不利，除翟琮、李横等均撤到江南西路外，彭圮阵亡。

襄阳、郢州、随州的失陷使南宋失去了长江以北的重要屏障，而且襄阳是通往四川的要道，襄阳失陷，基本上切断了中央王朝与四川守将吴玠的联系，对南宋的安全构成的威胁极大。

金军攻占襄阳后，扩张的野心迅速膨胀，扬言要在次年麦收后大举南下。李成还派使者去洞庭湖联合杨幺领导的农民起义军，想实施南北夹攻，先占领荆湖，再顺江东下，消灭南宋政权。

面对这种情况，南宋朝廷忧心忡忡。有人提议让岳飞驻防鄂州，担当中线防守的主帅。朝廷没有同意，认为岳飞资历尚浅，结果派了资历较高的神武前军统制王燮驻守鄂州，仍让岳飞驻防长江中游另一个重镇江州。

当岳飞得知李成和杨幺起义军联合行动的情报后，认为只有力争在麦收前，先发制人，击破李成，收复襄汉，才能粉碎伪齐南北夹击的计划。

为此，岳飞向朝廷提出了收复襄阳六郡、北伐中原的外线作战计划。岳飞的见地非常有远见，谋略高人一筹。

他认为，必须收复襄阳六郡，以安定两湖民心，稳住中线，恢复与蜀地的联系；要恢复中原，实现中兴大业，也必须收复襄阳六郡。岳飞的计划得到了大多数人的支持，高宗决定派岳飞出师，刘光世派兵增援，神武前军统制王燮仍按早先的布置，牵制杨幺起义军。

绍兴四年（1134年），宋金双方军事处于对峙的势态。南宋政府十分重视江淮地区的防御，在建康、镇江分别设置帅府，屯兵十万，由老将韩世忠等统率重兵驻守，东线"可恃以安"。

吴玠两兄弟守川陕，于这一年冬取得了仙人关大捷，击退了兀术统率的十万大军的进攻，此后5年，金军未敢轻举妄动。西线稳住了。

绍兴四年（1134年）五月，岳飞被任命为镇南军承宣使、江南西路舒蕲制置使兼黄复州汉阳军德安府制置使，率军渡江北伐。

但在这之前，三省、枢密院（中书省、门下省、尚书省为三省，系中央最高行政部门；枢密院为中央最高军事机构）给岳飞的这次出征规定了不得越出六州军界、不得称提兵北伐或言收复汴京等五个"不得"的限制。

由此可看出，高宗此次举动不过是为了守住长江以南的半个中国，他担心岳飞的力量从此强大起来，因此不敢完全放手让岳飞去行动。

对此，岳飞心里难免有所不满，但是获允许渡江北上，岳飞还是很高兴的，这是向恢复中原跨出的第一步。

岳飞的兵力并不多，但是士气和战斗力却是难以估量的。岳飞对此次行动充满着胜利的信心，当军队横渡长江时，岳飞在船上兴奋地对幕僚们说："飞不擒贼帅，复旧境，不渡此江！"

❋ 收复襄阳 ❋

　　五月五日，岳家军直抵郢州城下。由于后勤供应不及时，军粮只剩下两餐饭了。岳飞却很有信心，说道明天务必破城。六日黎明时，在紧擂的战鼓声中，岳家军发起总攻。战斗异常酷烈，岳飞正在指挥，忽然有一大块炮石飞坠在他面前，左右都为之惊避，岳飞的脚却纹丝不动。

　　将士们奋勇争先，踏肩登城，终于摧毁了敌人的顽抗。此战杀敌达七千人，郢州城中，敌尸遍地。岳飞乘胜分兵两路，张宪和徐庆率军朝东北方向进攻随州，岳飞本人率主力往西北方向猛扑襄阳府。

　　襄阳府是伪齐准备大举南下的大本营，由主将李成亲自驻守。李成取荆湖，下江、浙的计划已成泡影，面对着岳家军雷轰电击般的兵威，面对着荆超军一日之内覆没的前戒，他再无勇气拒守，只得仓皇逃遁。十七日，岳飞兵不血刃，凯歌入襄阳。

　　张宪和徐庆兵临随州后，伪齐知州王嵩龟缩在城垣里，不敢出战。张宪和徐庆军连攻数日，不能成功。牛皋和董先两员新统制已在克复郢州的战斗中大显身手，牛皋更自告奋勇，请求领兵支援张宪和徐庆。他临行时，只带三日口粮，引起一些人的怀疑甚至讥笑，依张宪和徐庆之勇锐，尚无得手之眉目，牛皋能马到成功吗？然而到五月十八日，三日粮食尚未吃完，牛皋便与张宪、徐庆合力攻下随州城，歼灭了五千伪齐军。王嵩被俘后，押赴襄阳府处斩。

在破随州的战斗中，十六岁的岳云勇冠三军，他手持两杆数十斤重的铁锥枪，捷足先登，第一个冲上城头。

当时的将领往往在立功将士的名单中，夹带自己的亲属，冒功领赏。

岳飞鉴于儿子去年无功受禄，问心有愧，所以正式上报时，只报了岳云一份战功。官兵们也都没有异议，反而钦敬统帅办事公正。

好梦正酣的伪齐政权被岳家军的闪击所惊醒，刘豫急忙调度兵力，还请来金朝的"番贼"与河北、河东的"签军"，集结在邓州东南的新野市、龙陂、胡阳、随州的枣阳县（今湖北枣阳市）以及唐、邓两州。

李成得到增援后，气势汹汹，又自新野市回军反扑，号称有三十万大军。岳飞察看敌方的阵势，王贵、牛皋等将纷纷请战，伪齐军经受不住两员虎将挥兵猛攻，一败涂地。

李成的骑兵更是乱作一团，前列骑兵溃散之后，将后列骑兵拥挤入水中。岳家军追奔逐北，敌军横尸二十余里。李成经历了此次大败后，再也不敢窥伺襄阳府。

李成失败后，金军集结重兵，准备和岳飞决一高下。但是迎接他们的是又一场惨败。

伪齐残兵退守邓州城，企图负隅顽抗。岳家军猛烈攻城。将士们不顾骤雨般的矢石，攀附城垣，实行强攻。岳云又是第一个登城的勇士。随后，唐州、信阳相继收复。

此次战役是南宋头一次收复了大片失地，是南宋立国八年以来，进行局部反攻的一次大胜利。克复襄汉是岳飞的第一次北伐。

满江红

襄阳战役胜利结束后，岳飞按当初宋高宗授予他的权力，委任了六郡官吏，派将士驻防。自己则率领主力回到鄂州。朝廷接到岳飞的奏报后，君臣上下兴奋不已，都在议论岳家军的神威和岳飞的军事才干。

绍兴四年（1134年）八月二十五日，宋高宗颁布诏书，任命岳飞为清远军节度使、湖北路荆襄潭州制置使。

宋朝继承唐朝的制度，在一些军事大郡设置节度使，称为"节镇"。当时已建节的大将有刘光世、韩世忠、张俊和吴玠四人，因抗金成功而建节者，岳飞是第二人，他的军功暂时仅次于吴玠，却已远胜于其他三人，而当年他才三十二岁。当清远军节度使的旌节发到鄂州时，全军将士都引以为荣。

岳飞驻守鄂州后，念念不忘在女真贵族统治下的北方人民，一心想着早日恢复故土。一天，他登上鄂州的一座高楼，倚着栏杆，看缓缓的河水，仰望辽阔的天空。当时正是雨后，四周景色格外宜人。一时间，岳飞思潮汹涌，国家的危难、个人的遭际、人民的疾苦，一齐涌上心头。北方的故土有待收复，灾难中的同胞望眼欲穿，以后的征途迢远渺茫，个人的成败得失，只如尘土一般。岳飞满怀激情，唱出了中国封建时代的爱国主义绝唱——《满江红》：

"怒发冲冠，凭阑处，潇潇雨歇。抬眼望，仰天长啸，壮怀激烈。三十功名尘与土，八千里路云和月。

莫等闲白了少年头，空悲切！

靖康耻，犹未雪；臣子恨，何时灭？驾长车踏破，贺兰山缺。壮志饥餐胡虏肉，笑谈渴饮匈奴血。待从头收拾旧山河，朝天阙。"

这首词上段的大意是：大雨刚过，我怀着激动的心情，靠着栏杆远望。面对着苍茫天地，我发出长啸，以发泄我满怀难酬的壮志。我已三十岁了，虽然曾经在抗金的战斗中建立了一些功绩，但是，那些功绩就像尘土一样轻微，不足称道。我踏过几千里的遥远路程，日日夜夜在风霜雨露里行军和战斗。这样的生活，我还要继续。时间是不等人的，一晃就这样过去了。不要让光阴随便溜走，虚度了青春。等到老年头发变白的时候，再来悲伤、懊悔也来不及了。

在第二段里，岳飞回顾了国破家亡的耻辱，倾吐了收复失地的强烈愿望，反映了当时朝野上下黎民百姓的共同利益与迫切要求，激发了广大群众对祖国的热爱。

这首诗词流传至今，仍在被人民广为传唱。

岳飞在鄂州休整的时候，派亲信王大节到汴京刺探伪齐内幕。不久，王大节回来报告，金齐联军现在以兀术为统帅、伪齐太子刘麟配合指挥，即将大举进犯江南。

岳飞不敢怠慢，急忙上奏朝廷，并在自己的防区加强布防。但金齐联军惧怕岳家军的威力，避开岳飞的防区，从淮河流域进兵。金齐联军很快渡过淮河，继续向南进犯。

临安内外顿时一片惊慌，有人主张放弃临安南逃，宰相赵鼎极力主战，他认为刘、韩、张三部人马，加上杨沂（yí）中的神武中军的十五万人马，要比吴玠和岳飞两部兵力总和多出一倍多，应该能抵住敌军的进攻。

但是，刘光世还没有与金军开打就先跑了，将防区收缩到长江南岸，这样淮西路不战而失；张俊口称抗战，却找出各种借口，迟迟不肯渡江北上；韩世忠在承州一带虽然取得几次小胜，稍微阻滞了敌军的进军速度，但他势单力孤，很快退守镇江。

这样，在江淮两江之间只有庐州知州仇悆忠于职守，不肯撤退。当金齐联军兵临庐州城下时，仇悆指挥两千五百乡兵几次打退来犯之敌。十二月，伪齐太子刘麟亲临城下指挥，金兀术亲自殿后支援，庐州危在旦夕。

在此危难之时，宋高宗想到唯一能抵抗金兵的只有岳飞。他急忙发布命令调岳飞东进。岳飞立即派徐庆、牛皋为先锋，率领精兵日夜兼程奔赴淮西，岳飞亲率主力随后跟进。途中，岳飞听说庐州危急，便急令牛皋等前去支援。

十二月十八日，牛皋等人率骑兵来到庐州城下。牛皋命令把"精忠岳飞"的大旗高高挑起，金齐联军看到岳家军到来起初还不太相信，牛皋冲到阵前，大喊一声："我就是牛皋，前后四次打败兀术，你们不认识吗？"金齐士兵一听大惊失色，知道果然是岳家军到来。

牛皋素来勇猛善战，这次也不例外，他挺枪催马冲入敌阵，两千名骑兵掩杀过来，金齐联军大败而逃，庐州之围旋即被解。接着，岳飞率主力赶到庐州。金齐联军估计无法突破岳家军的防线，加上严冬到来，不便渡江作战，于是按兵不动。恰在此时，又传来金太宗病危的消息，金兀术不得不下令撤兵，放弃了向南进犯的念头。

金兵退却，岳家军又立一大功。宋高宗任命岳飞兼任镇宁、崇信军节度使。一人兼任两节度使，可见，岳飞在宋高宗心目中的地位越来越重要。

荡平杨幺

金军退去后，南宋朝廷又得到喘息的机会。这时候，农民起义的浪潮越来越猛，镇压农民起义又成了朝廷要解决的头等大事。

绍兴五年春，岳飞再次被高宗召见，被封为"武昌郡开国侯"，迁官荆湖南北襄阳府路制置使、神武后军都统制，

并受命前往湖南镇压杨幺起义军。

南宋政府一再地派兵镇压洞庭湖这支农民军，也一再派人招降，都没有什么效果。南宋统治者将其视为心腹大患，千方百计地要将这支队伍除掉。在这样的情形之下，岳飞要出马了。

杨幺军占据的地盘不大，实力有限，约有五六万人。他们对付官军的策略，是"陆耕水战"。起义军依凭洞庭湖之险，春夏水涨，官军不能出兵，则耕种田地；秋冬水落，官军发动攻势，则收藏粮食，然后出战。主要是以己之长，攻彼之短，避免陆战，力争水战。

因此，岳飞制定了以攻心为主、武力为辅的原则。他派出一些士兵扮做商人，混进起义军中，诱捕了数百人。岳飞对这些人没有杀害，而是劝说他们投诚，还给每个人发了赏钱。又让他们回去劝说别的义军也放弃抵抗。这数百人回营之后，自发地宣传岳飞的仁德，杨幺的军心有所动摇。

杨幺军却依然墨守旧规，三十多个水寨各自为守，各自为战，不能最大限度地集中兵力，集中指挥。此外，荆湖路一带恰好逢大旱之年，湖水浅涸，严重地影响了吃水甚深的船只的行驶。在官军的包围和封锁之下，杨幺叛军的处境日益危困。

不久义军将领黄佐投降了岳飞，并接受军令。黄佐率部攻破义军的营寨，杀死不少义军，夺取粮食、船只等，将整个水寨焚毁无遗。不久，又有一批头领投降，杨幺义军的实力大为削弱，但杨幺本人仍企图凭借地利，负隅顽抗。有人又向岳飞献计，说大船非一丈深的湖水不可通

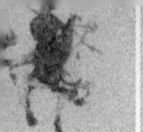

行，应开闸放水，并可用千万束青草撒在湖面上，以阻遏
船的行驶。岳飞立即采纳，下令用巨筏堵塞鼎州附近湖面
的各个港汊，选择水浅之处，派官军用小船挑战，以秽言
詈骂，引诱义军出战。

杨幺等引水军出战，船只护板中的翼轮果然被腐枝烂草
缠住，使这些主力战舰进退两难，无从发挥威力。

岳飞指挥牛皋、傅选等将乘机急攻。杨幺义军情势危
急，企图突围，在各个港口又遇官军巨筏的拦截。官军在巨
筏上张挂牛皮，遮挡矢石，用巨木撞坏敌方一些战船。义军
大败。杨幺也被活捉，随即被枭首。

由于岳飞坚持以攻心为上，攻兵为下，故战斗并不是
很激烈，杀人不多，而持续六年的一方割据政权终于土崩
瓦解了。

对于被俘的起义军将士，牛皋主张进行斩首，但是宽大
为怀的岳飞阻止了牛皋，并对牛皋晓之以礼，动之以情。说
得牛皋心服口服，避免了一次涂炭。为了增强军队力量，同
时也由于起义军本来就是高举抗金义旗的，岳飞便从义军中
挑选了几万名身强力壮的兵士，编入本军之中，其余起义军
分给米粮，让他们各自回家种田生活。

杨幺起义军是因为官府的丑恶腐败与横征暴敛引起的，
是一场正义的农民起义。但是，在岳家军平定杨幺义军后，
荆湖路一带再未出现类似规模的起义。经过一段时期，生产
又有所恢复，社会矛盾也有所缓和，岳家军在此后的抗金战
争中，终于有了一个安定的后方。

第五章

抗金复国

准备北伐

洞庭湖农民起义被镇压后，南宋统治集团终于可以松一口气了。回顾高宗即位到今天，已经有十年的时间，而这十年来，宋高宗这个皇帝，从没有睡过一天安稳的觉，几乎是在辗转流离、心惊胆战中度过了十年。但是，无论如何，经过十年的外征内讨，南宋政权终于稳住了脚跟，不再像一片浮萍四处漂泊。南宋的抗金军事力量，在屡屡的征战中，得到锻炼，甚至已经能与以骑兵见长的金军抗衡。

虽然形势有所好转，但是仍有许多国土未复，靖康耻，犹未雪。徽、钦二帝仍然被屈辱地幽禁在金国，充当囚虏。金、伪齐政权仍占领着淮河以北的土地，国土仍然南北分裂着。这些对于南宋的军民来说，都是烙在心上的一个深深的烙印。任何有骨气的国人都会因此辗转难眠。

因此，南宋爱国志士要求迎还二圣、收复中原的呼声从来没有停止过。而这呼声也越来越强烈了。

淮河以北的广大沦陷区人民日夜盼望着官军北伐，救百姓于水火之中；而徽、钦二帝还在囚笼中，百姓也极其盼望已登上皇帝宝座的赵构能想尽办法为父亲、兄弟尽点孝道。

对这一切，赵构并非不了解，但是他却迟疑着，不知该如何举动。他自己的心中也有许多难言的隐私。

面对着公道和私欲的矛盾，一国之荣与一己之得失的矛盾，赵构是懂得如何一步步地排除障碍，以最终实现自己不可告人的目的的。后来兴师北伐的全过程，充分地表明了赵

构具有极高明的驾驭臣民的手段。

绍兴五年夏，宋高宗在嘉奖岳飞镇压杨幺农民起义时，针对岳飞一心计划北伐的心理，特别提醒了一句："腹心之患既除，进取之图可议。"接着，又提升岳飞为宣抚副使，令他移军京西，置帅府于长江北面的襄阳。

高宗又与宰相张浚商议了合兵举行北伐的军事部署。按照绍兴六年（1136）春天议定的各路部署是这样的：韩世忠由承州、楚州出兵，进攻京东东路的淮阳军；岳飞由鄂州进屯襄阳，挺进中原；张俊由建康府进驻泗州州治盱眙县，刘光世由太平州进驻庐州，杨沂中的殿前司部队充当张俊的后援。韩世忠和岳飞采取攻势，由张俊和刘光世两军采取守势。这一北伐部署，反映了以韩世忠、岳飞为战斗主力的思想，宰相张浚非常器重这两个人，并且非常了解岳飞满腔收复中原的雄心壮志。因此，当他进行军事部署时，曾对岳飞这样说："这是你向来的志向啊！"

由于长期在水乡作战，岳飞水土不服，患了严重的眼病。回到鄂州后，他的眼病更加严重，双目又红又肿，不进饮食，四肢无力。他担心严重的眼病会影响收复中原的作战指挥，于是向宋高宗上书请求辞职。

事实上，宋高宗原本就没有立即北伐的意图，岳飞的担心完全是多余的。宋高宗接到岳飞的辞职申请之后，担心这位能征善战的大将离职会影响到军事形势的稳定，便拒绝了岳飞的申请，并且严令岳飞不许再提辞职之事。为了安抚岳飞，宋高宗派医术高明的御医到鄂州为岳飞治病。岳飞的眼病好了以后，马上操练兵马，为北伐做准备。

当年岳飞随南宋朝廷到江南之时，部下只有几千人，这些人马都是来自中原地区的与金朝有国恨家仇的将士。

平定杨幺之后，岳飞的人马发展到十余万人。新兵主要有三个来源，一是散兵游勇，这些人大部分是来自北方的溃散官兵，具有一定的军事素养。俗话说，"兵熊熊一个，将熊熊一窝"，以前他们跟从贪生怕死的将官，所以他们遇到金兵就逃之夭夭。现在他们跟随岳飞这位能征善战的将领，就变得勇敢起来了。经过几次战役的锻炼，已成为一支特别能战斗的部队。

二是镇压杨幺起义后收编的农民军，这部分人马在岳家军中占一半左右，他们没有受过正规的军事训练，而且这部分人的战斗力直接关系到岳家军的整体素质，所以，岳飞把训练这支部队当做主要任务。他依靠张宪、王贵、徐庆、牛皋等心腹战将控制各部兵马，对洞庭湖农民军进行军纪、军风和战役战术训练，岳家军的战斗力有了很大提高。

三是历次征剿时拨归岳飞指挥的地方部队，这部分人多是南方官兵，他们最初不听从岳飞的指挥，但在战斗中亲眼目睹了岳飞超人的勇气和指挥才能，渐渐与岳飞同心同德。

在岳家军发展的过程中，岳飞还组建了一支谋士队伍。他们大多从事军队中的文字工作。在宋代，由于军人的地位低下，有才能的文人墨客都不愿意从军。但在国难当头的形势下，一些有爱国之心的文人也投入到军队中，为抗金保国贡献自己的力量。

岳飞一向以精忠报国、勇于杀敌而著称，随着岳家军势力的壮大和岳飞地位的提高，一些有才能的人纷纷投奔岳

飞。岳飞把他们奉为上宾，以礼相待，使他们的才能得到了充分的发挥。当时，岳家军中一些将领对岳飞礼待和重用文士的做法很不理解。在镇压杨幺起义时，部将郝晟要杀太学生出身的侯邦，岳飞听说后大怒，说："郝晟是什么人，胆敢杀我的谋士？"

正因为岳飞礼敬文士，一些文士把投靠岳飞当做施展自身才能的机会。黄纵、薛弼、李若虚等著名文人都成为岳飞的心腹谋士。岳飞除了请他们参与重大决策外，还常常同他们谈古论今，研谈兵法，评点古今人物。因此岳飞的文化水平也有了很大提高。岳飞深感自身品行端正的重要性，万一出现过错被文人记载于史册，将永远抹不掉。所以他一向严于律己、兢兢业业，要为国做贡献，留美名于青史。

为了在未来的北伐战争中取得主动，岳飞时刻没有忘记战斗在敌后的人民武装。以前联合敌后抗金势力是宗泽的一贯思想，岳飞忠诚地继承了宗泽的遗志，拟定了"联结河朔"的战略。所谓河朔，就是今河北、河南、山西相连的一带。此前岳飞受命转战江淮，这一战略未能及时实施。但仍通过各种途径同河朔一带的抗金武装取得联系。当时在太行山一带有影响的一支抗金武装是梁兴、赵云领导的人民队伍，他们以游击战的形式同金兵周旋十余年，作战数百次，杀死敌军的头领达三百多人。金兵杀害了梁兴的父母、赵云的父亲，并把赵云的母亲关押在垣（yúan）曲，逼迫赵云投降。赵云突破敌军防线，向岳飞求援。岳飞立即派出一支兵马偷渡黄河，攻克垣曲，救出赵云的母亲。自此，岳飞与这些抗金义士结下了深厚的友情。

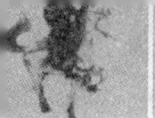

梁兴率领部队同金兵主力激战，杀死金兵大将耶律马五，并渡过黄河，会见岳飞。岳飞见到这位抗金义士，十分高兴，立即上报朝廷，留梁兴在岳家军中任职，等待北伐的时机。

为母守丧

反攻的时机终于到来了。当时在朝廷担任右丞相的张浚是一个主战派，宋高宗让他兼任都督诸路军马，主管全部防务工作。张浚把他的都督府设在干江府（今江苏苏州市），力图在北伐方面有所作为。绍兴六年（1136年），他把长江中下游的几员大将韩世忠、刘光世、张俊、岳飞等召到干江府，召开了一次重要的军事会议——干江会议。会议决定：岳飞的帅府由鄂州转到襄阳府，担任湖北、京西路宣抚副使，为挺进中原做好准备。韩世忠由承州、楚州出兵进攻京东东路的淮阳军（今江苏邳县西南）。张俊的帅府由建康进驻盱眙，配合韩世忠的进攻。刘光世的帅府由太平州进驻庐州，扼制伪齐军，杨沂中充当后援。

这次军事会议为岳飞大展宏图提供了机会。会议期间，他朝见了宋高宗，就北伐问题提出一些建议。张浚也极力肯定岳飞的功劳和能力，说他是可以依靠的大将。

对于这样的军事部署，岳飞甚感满意，他加紧了筹措工作，日常事务非常繁忙。但是，正在这个关键的时刻，岳飞的母亲姚氏病逝了。姚氏这一生，含辛茹苦，将儿子养大，

送子参军报国，后来在沦陷区饱受忧患和病痛的折磨，颠沛流离到了南方，又水土不服，这个年过古稀的老人，在绍兴六年三月二十六日与世长辞。

岳飞是一个恪守孝道的孝子，他对母亲从来都是非常温顺体贴的。虽然日常工作非常繁忙，但只要能抽出时间，岳飞总是亲自调药换衣，将母亲照顾得无微不至，平时在母亲跟前举止都特别轻微，生怕惊动了母亲。

两年前，在攻克襄阳之后，因母亲病重，岳飞就曾经请求暂时解除军职，建议由王贵和张宪代统岳家军。这次母亲过世，岳飞更是悲痛得无以复加。

三天之中，岳飞痛哭流涕，米食不进，双眼都哭得红肿了。

岳飞和岳云跣足徒步，扶着姚氏的灵柩，前往江州的庐山。高宗恩赐岳飞1000两白银，1000匹绢，岳飞为此也大事铺张，对母亲进行厚葬。丧葬完毕，岳飞就在庐山著名的古刹东林寺里守孝。

按封建社会的惯例，岳飞必须"丁忧"三年，如有特殊情况，才可停丧做官，叫做"起复"。岳飞上书要求解职守孝，但是形势并不允许身系北伐挂帅重任的岳飞在庐山久留。驻守两淮的韩世忠等部已经行动。

由于岳飞身负北伐重任，战争形势不允许他守丧尽孝，因此，他守丧三年的要求被朝廷拒绝。但岳飞又拒绝了朝廷的特召命令，仍要求为母守丧。

为岳飞筹办北伐钱粮的江西制置大使李纲，也在催发，部分给养已经往郢州解送。伪齐将领王威又乘机攻陷唐

州。因形势所迫，岳飞不得不拖着因悲伤而消瘦疲乏的身体，红肿未痊的眼睛，重返鄂州。

这在当时也是一件极受赞誉的事，因为这表明他没有恋职恋权的野心。当然，岳飞拒绝特召命令完全是出于至诚，因为他太怀念母亲了。

两路北伐

绍兴六年（1136年），干江军事会议之后，宰相张浚的北伐计划很快遇到了挫折。韩世忠急于收复失地，在岳飞还没有返回鄂州时便独自发动了反攻。在进攻淮阳的战役中，张俊拥兵自重，不予配合，韩世忠孤军奋战，苦战六天，没有攻克淮阳，被金、齐援军打乱了作战部署而被迫退回。刘光世的部队也无所作为。

盛夏就要来到，张浚改变了战略计划，转入秋防。所谓秋防，就是初秋之际，庄稼成熟，饲料充足，马肥膘壮，骑兵战斗力特强。往往在秋季，金兵以精锐骑兵发起进攻，必须严加防范。而此时北伐计划受阻，南宋也就只好进入防御阶段。

岳飞返回鄂州之后，得知朝廷已命各部队准备全线秋防。岳飞分析了当前的军事形势，认为只有打破常规才能出奇制胜。他毅然决定，在防御季节中主动出击，进攻金齐军队，以收出其不意之效。

七月下旬，岳飞把帅府移到襄阳，以襄阳为大本营，

制定北伐作战路线，他决定把人马分为两路，一路由牛皋率领，去攻打伪齐的镇汝军（大约在今河南鲁山县）。一路由王贵、郝晟、董先等人率领，进攻虢州卢氏县。

伪齐镇汝军守将薛亨不是泛泛之辈，素有骁勇之名。岳飞嘱咐牛皋要小心谨慎。牛皋毫不示弱，他向岳飞保证，一定要活捉薛亨。

牛皋以急行军的方式日夜兼程，出其不意地直抵镇汝军城下。他命令将士立即攻城，将士们个个奋勇争先。

薛亨没想到岳家军来得如此迅速，还没有组织好队伍应战，便被牛皋攻破城池，薛亨也被活捉。接着，牛皋挥师东进，不费吹灰之力就拿下伪齐的许昌府，然后指挥队伍回师，途中攻取蔡州（今河南汝南县），把伪齐的粮草、军械一把火烧光，得胜而归。

王贵、郝晟、董先等人的北进也十分顺利。八月初，王贵等人率领的大军一举攻克卢氏县城，缴获军粮十五万石，壮大了军威。接着，王贵等人兵分三路，分别攻取了虢略（今河南灵宝县）、朱阳（今河南灵宝县西南朱阳镇）和架川（今河南栾川县）。这样虢州全境被收复。

虢州战役的胜利，大大鼓舞了岳家军的士气，王贵等人以卢氏县为基地，又兵分三路，一路向东进攻距洛阳仅有一百多里的伊阳（今河南嵩县），另一路向西攻打商州（今陕西商县），第三路由猛将杨再兴率军北上进攻西京长水县（在今河南洛宁县境内）。

虢州和商州皆是战略要冲，北扼黄河，东入洛阳，西连关中，几将伪齐的统治区分成两部分。岳家军屡战屡胜，大

振军心，因此宋廷下诏书对此进行嘉奖，对这次战斗的重大意义进行了肯定。

伪齐在慌乱之际，不断地派兵骚扰岳家军的后方，攻击德安府应山县（今属湖北），劫掠邓州高安镇。

岳家军势如破竹，取道栾州县、西碧潭、太和镇，直取伪顺州州治伊阳县。

杨再兴由卢氏县向长水县（今河南洛宁县西南）进发，在长水县界的业阳与伪齐顺州安抚司都统制孙某的后军统制作战，英勇善战的杨再兴统率军士，将几千敌人打得落花流水，歼杀五百多人，生擒一百多人。

第二天，在孙洪涧，杨再兴与伪齐顺州安抚使率领的二千多人隔涧列阵。双方隔水互相击箭，杨再兴指挥部下勇敢击战，再次将敌军击溃。接着，岳家军夺取了县城，缴获粮食二万石。这些粮食均分给军兵和当地的百姓食用。永宁（今河南洛宁县）和福昌（今河南洛宁县东北）两县也相继攻克。此时宋军距西京洛阳城已近在咫尺。

伊、洛战役的成果不很理想，但总算还有一些收获。商州的全境和虢州的部分地区依然为岳家军控制着。岳飞长驱伊阳、洛宁，是南宋立国后第一次正规的大规模的战略反攻，极大地鼓舞了人民继续抗战的信心。岳飞在不到一个月的短短时间内，势如破竹，从长江边直打到黄河南岸，除了岳飞的智勇双全，岳家军的英勇善战外，还有非常重要的一点便是得到了河朔地区人民的支持。

在岳家军行军过程中，北方人民非常热情地为军队提供各种敌军情报、运输工具，主动地充当向导，送粮送水，搬

被运草，情景非常感人。

这时候，金齐军队急忙调兵遣将，进行阻击。岳家军孤军深入，不宜强进，便适时停止了进攻，在已收复地区，转入战略防御。

岳飞的这次北伐计划胜利结束，它是宋金战场上实施的一次局部反攻。当时主持朝廷军事的张浚已经把秋防作为战略基石，岳飞的北伐只是一个战区内的决策，朝廷之所以没有阻拦，只是因为他们也想试探一下对方的虚实。因此，南宋朝廷对岳飞的北伐没有给予任何战略支持。

这次北伐，岳家军所到之处，如秋风扫落叶一般。所收复的商州、虢州、长水一带把岳飞的防区与蜀地吴玠的防区连成一片，却把伪齐的属地一分为二。这里进可攻，退可守，直接威胁到伪齐的统治中心——汴京。同时这又是南宋立国后第一次正规的大规模的战略反攻，极大地鼓舞了人民继续抗战的信心。

李纲把这次战役评价为"十余年来，未曾所有"的奇功，希望宋高宗能趁此大好时机收复失地，完成中兴大业。朝廷对这次战役也给予肯定，却没有从战略反攻的角度加以认识和采取后续措施。

质朴本色

经过这么多年的浴血奋战，岳飞取得了非常大的功绩，既有两镇节度使的虚衔，又有宣抚副使的实职，为了笼络他，高宗还时常对岳飞进行赏赐。若遵照如此丰厚的俸禄，岳飞极其容易便可过上奢侈富贵的生活，而在当时，朝廷里的许多大官都过着非常豪华富贵的生活，而岳飞相对来说却过着非常简单朴素的生活。

岳飞虽然很长时间都在南方战斗，但是他却是一个地地道道的北方人。北方人通常都吃面食，岳飞到南方后，依然保持着北方的习惯，日常食品还是麦面，平时很少吃肉，如果有也只有一种。平常岳飞和部下吃饭，也只是家常便饭，难得有大鱼大肉。

有一次，将士会餐，厨师端上来一只鸡，经岳飞查问，知道是由知州供奉的，他立刻规定，下不为例。

除了对自己严格要求外，岳飞对儿子的管教也很严格，他规定岳云和岳雷平时要认真读书，学习之余，还要到园圃里帮忙干活，教导他们明白种田的艰辛，让他们知道应该怎样去珍惜粮食，爱惜百姓，而且规定不许喝酒，如果有谁违反了规定，就要受到惩罚。

朝中有许多大官员都是妻妾满堂，过着声色犬马的生活，有的竟然因为酒色过度而死去。

这也算是封建社会里的一种社会风气，但是岳飞却做得很好。他严格地维持着一夫一妻制，同夫人始终相伴相随，相敬如宾，相濡（rú）以沫许多年。

有一次，一位同僚花了许多钱，买了一个官家出身的女子，并置了大量的金银珠宝作为嫁妆，一并送给了岳飞。

那女子明眸皓齿，顾盼生辉，容颜非常美丽，真是人见人爱。可是岳飞却将这个女子安置在一间屋子里，隔着屏风

对她说自己平日的生活状况，像平时都吃些什么呀，用些什么呀，告诉她自己的生活如何清贫艰苦。他的话逗得屋里那没有见过面的美貌女子发出阵阵笑声。岳飞就因此将这位女子退回了。

当别人问岳飞为什么这样做时，岳飞郑重地回答说："国耻家仇未报，我怎么有心思寻欢作乐呢？"人们知道后，也不禁为之而感动。

岳飞虽然身居高位，但是却非常谦虚，有错就立刻改正，从不居功自傲。对待下属的态度非常谦和，以平等待人。他喜欢和幕僚谈天说地，谈古论今，而极其厌恶那些腹中空空，只会巴结奉承的小人。

岳飞经常鼓励部下给他提意见，发现错误就改正。

在升迁一、二品大官，担任一支大军的统帅后，仍能保持谦虚、诚恳和率

直的作风，真是非常难得。平时犯了一点小错，岳飞也会毫不隐瞒地告诉部下。

岳飞给全军将士做了一个很好的典范，所以在他死后很久，关于他谦虚坦率的佳话仍在民间广为流传。

岳飞功劳很大，但他的住宅却极其简陋，与许多官员争相构建豪华宏伟的宫殿形成了鲜明的对比。

高宗为了对他进行奖励，原打算在临安为他建造宅第，但是岳飞却拒绝了。他引用了汉朝将领霍去病的话来作为解释："北虏未灭，臣何以为家？"他的话，使满朝君臣，都为之感动。高宗曾赐予岳飞许多财物，但岳飞从未用作私人享乐。

有一次，他命令将自己仓库里的物品，全部变卖，用所卖得的钱来营造良弓。有个将领说，制造兵器不必要花费私人的钱财，他劝岳飞收回钱财。但岳飞只是摇摇头，说如果向朝廷申请军费，还要花费很长的时间，既然如今很需要兵器，还是由自己来支付这笔费用吧！

当兵的人大都喜欢喝酒，因为战斗是一种生命的赌博，需要有勇气和胆量。而岳飞因为曾经有过两次醉酒失事的教训，所以将这唯一的饮酒嗜好也戒掉了。

岳飞当了这么大的官，享受着优厚的俸禄，但是却能够保持质朴的作风，对个人的荣华富贵看得非常淡，却在长年抗战中不遗余力，从不计较个人得失，为国为民奉献一片赤诚。这在当时是多么难得啊。

岳飞以他自己的优秀品行，深深地感染着军中的兵士，也在历史上树立起一个巨大崇高的形象。

击破伪齐

伪齐军队在伊、洛一线受到沉重打击之后，伪齐傀儡皇帝刘豫坐卧不安，担心受到金国的责难。他思前想后，决定调集大军，大举进攻淮河中下游和长江下游一带。

绍兴六年（1136年）九月下旬，刘豫发兵二十万，号称三十万，兵分三路向南进犯。

东路由刘豫的一个儿子刘猊统率，在涡口（今安徽怀远县东北的涡河入淮之处）渡过淮河，攻取定远县，矛头指向刘光世的防区太平州、宣城、徽州。西路由孔彦舟率领，在光州境内渡淮，攻克光州（今河南潢川县），直指六安（今属安徽）。中路以伪齐太子刘麟为首，统领六万人马，号称十万，由淮西渡过淮河，驻扎在濠州（今安徽凤阳县）、寿州（今安徽寿春县）之间，矛头指向张俊驻守的庐州（今安徽合肥市）。

同时，刘豫知道南宋君臣畏惧金兵，便让一部分士兵身着金兵服装招摇过市，虚张声势。

伪齐的三路大军咄咄逼人，大举南进，使南宋朝廷慌了手脚。刘光世和张俊极力夸大敌情，主张退守江南。他们疏通了左丞相赵鼎，得到了退守江南的许可，分别撤到太平州（今安徽当涂县）和建康。

大敌当前，宋高宗赵构又想起了能征善战的岳家军。此时岳飞正在鄂州静养，他的眼病再次发作，想请高宗恩准辞职养病。宋高宗拒绝了他的申请，令他火速带兵东移，进驻江州（今江西九江市），还派了御医随军为他诊治眼疾。岳飞接到命令后，不顾疾病在身，立即从襄阳抽调部分主力会同鄂州精兵挥师东下。

主持南宋军事的右丞相张浚得知伪齐南犯的消息后，立即赶到镇江前线巡视。他得知朝廷又要派岳飞作战，非常气愤，立刻到干江府面见高宗。他用充分的证据说明伪齐此次南犯并无金兵配合，伪齐的军队不过二十万人，只是乌合之众，根本不用惧怕。岳飞部所守的地区的战略地位十分重要，不宜轻动，况且岳飞现在又受疾病困扰，不应该再调动他。张浚请求朝廷改变部署，仍让岳飞留驻鄂州。

高宗听说并无金兵南下，才算放下心来。张浚又极力陈述放弃江北、江南难保的利害关系，促使高宗下了一道御笔军令："有不听命令者，严格依军法处理。"即使如此，高宗也没有收回调动岳飞部队的命令。

张浚带着这道军令火速赶到刚刚退到采石的刘光世驻地，令他立即回师庐州。刘光世见到御笔军令，知道此次再不遵照军令，后果会很严重，便立即集合部队，向他们发布简短的动员令："你们要赶快回师庐州，否则皇上就要我的脑袋。"当刘光世的大军赶到庐州城外时，伪齐刘麟大军也已赶到。

狭路相逢，刘光世即使惧怕，也只得打起精神迎战。双方激战了一整天，刘麟大军溃退，刘光世重返庐州，才算免于军法处置。东路的刘猊、西路的孙彦舟见刘麟溃败也军心动摇，不久便败退收兵。

尽管形势缓解，宋高宗还是不放心，仍不肯收回调岳飞东移的命令。当得知伪齐大军彻底败退后，他才感到调动岳

飞东进实在是没有必要，便向岳飞发了一道诏书，命令他停止东下，回到鄂州。诏书上说：这次伪齐来犯，本来是不值得惊慌的，这次调你东下，你反应如此迅速，表现了你对朝廷的忠心，是一件值得庆幸的事。

岳飞得知伪齐军队已经退却，也没有什么话可说，便把军队撤回鄂州。

刘豫听说岳飞从前线调走人马后，大喜过望，感到这是可乘之机，不顾南犯失败的挫折，立即调集伪齐军队，会同金兵，向岳飞的防区进犯。刘豫设计了详细的作战策略：以商州、卢氏为北线，以便拔掉岳家军插入伪齐心腹的利刃；以邓州、唐县、信阳军为南线，一字形摆开阵式，而以进攻唐州的刘复大军为中轴，以直取襄阳为目标。为此，他把人马分为五路，大举进攻。

第一路一万余人进攻商州，抵达商州城下。此时的商州，只有岳家军将领贾彦带领的一支人数不多的部队守城，形势危急。贾彦不得不向岳飞发出紧急求援公文。

第二路进攻卢氏县，人数为三万五千人，其中有伪齐兵二万人（含二千骑兵）、金兵一万五千人（含三千骑兵）。驻守在卢氏的岳家军将领寇成率部出城迎战，在地势险要的横涧设下伏兵进行堵截。

十月二十九日，击溃金齐联军先头部队一千余人，杀死百余人，缴获战马数十四。十月三十日，再次击溃前来进攻的数千人，俘获一名敌军头目高收通。根据高收通招供的军情，寇成得知金齐联军主力即将到来，自知兵微将寡，难以抵抗，便向岳飞报告军情，请求援兵。

　　第三路是伪齐西京留守司统制施富、任安中、郭德、魏汝弼率领的四支队伍，总人数也有数万人，进攻邓州（今河南邓县）。岳家军张宪率万余精兵迎敌。双方僵持三天后，展开会战，张宪采用诱敌深入的计策，将敌军引入埋伏圈，伪齐军大败，郭德、施富等一千多人被俘，其余伪齐兵将退回洛阳。

　　第四路由刘复率领金齐联军进攻唐州。刘复是刘豫的五弟，号称"五大王"，自认为很有谋略，因此非常骄横，扬言要直捣襄阳府。刘复准备采取诱敌深入的战术，他事先把李成的主力调进蔡州设伏，企图将岳家军引到蔡州，一举歼灭。

　　十一月初，牛皋率领八千步兵在唐州属县方城县（今属河南）东北击溃金齐联军的先头部队，杀死一个统制，俘虏一千多人，获得战马三百余匹。

　　十一月十日，岳飞派出的先头部队王贵部在何家寨附近的大标木与刘复主力决战。王贵奋勇冲杀，刘复假装战败，率部逃回蔡州城中。王贵乘胜追击，一直赶到蔡州城下。

　　第五路是进攻信阳军的伪齐骑兵部队，岳家军的统制崔邦弼在长台镇（在今河南信阳县北）迎击，一举击溃来犯骑兵。其实岳飞早已洞察到金齐联军的战略意图，因此把主力部队放在唐州一带的主战场，派牛皋、李建、傅选等各率本部兵马，在董先的领导下，援助在邓州阻击敌军的王贵部。岳飞也亲临邓州、蔡州一带亲自指挥。

　　十一月中旬，岳飞到达蔡州，在城外安营扎寨。围攻蔡州的前线指挥官王贵向岳飞汇报军情。从王贵的汇报中，岳

飞感到有许多可疑之处。他认为，刘复的部队在人数上十倍于王贵的军队，虽然岳家军勇猛善战，但刘复军不至于如此迅速地败退，其中必然有诈。

为了证实自己的判断，岳飞乘着一个月明之夜亲自到蔡州城四周观察敌情。他发现蔡州城墙高大，壕沟宽阔，易守难攻。城上只有几面旗帜，随着旗帜的摆动，一队一队的敌军便出现在城头上；当岳家军进攻停止，敌军也随之隐没。

这些迹象表明，蔡州城内的敌军是有应战准备的。岳飞考虑到这次出征北伐的目的仅在于解救在这一带驻防的岳家军，而且按照精确的计算只带了十天军粮，因此不宜久战。于是岳飞决定放弃攻城，布置后撤。

岳飞派董先殿后，掩护大军撤退。岳家军一撤，伪齐军便尾随追击。驻守蔡州的李成是岳飞的老对手。

李成几次被岳飞打败，心中不服，企图抓住这次战机诱使岳飞上当，重创岳家军，以报前仇。可惜计谋被岳飞识破，不禁十分懊丧，因此，他亲率部队随后追击。

董先身为殿后部队的指挥官，单人匹马走在部队的最后面。后面一队伪齐军的先头小部队隐约出现，董先便停了下来，准备迎击。当那队伪齐军走近时，董先认出其头目竟是自己的同乡。同乡在战场上相遇，备感激动。于是双方休战。

这位同乡告诉董先，此次作战，李成做了充分的准备，已打探到岳家军只有两万人马，其中能作战的只有一万四千人左右，而且只带十日口粮，现在粮食已吃光了。而在蔡州城内有十员伪齐大将，各领一万人马，想在蔡州城外围歼岳家军，然后直取襄阳，进而攻取鄂州。李成还给每个士兵发

了一条绳子，每捉到一名岳家军，便用绳子从手中心穿过，每十人为一串，志在必胜。这位同乡还对董先说："我们只是侦察兵，大军马上就会赶到，你们快撤吧！"

董先大吃一惊，同时暗自佩服岳元帅料敌如神。他当即调整部署，命部下在牛蹄山下选择有利地势设下埋伏，阻止追兵前进。同时派人火速向岳飞报告军情。

不久，李成果然亲率大军杀来。董先早把主力隐蔽在丛林中，自己单人独马立于一座小桥之上。李成见此阵势，感到很意外，但他还是趾高气扬地举着手中的绳索，向董先大喊："你们现在已经是插翅难逃，快快束手就擒吧！"

董先面无惧色，大喝道："我在此等你多时，就是要活捉你！"李成犹豫不定，不知董先有多少人马，不敢贸然进攻。于是派小分队冲击，自己在一边观察。

每次冲击，董先背后的丛林中很快就出现尘土飞扬、人叫马嘶的景象，好像有大队的策应人马。李成担心岳家军有埋伏，不敢进行决战。双方人马就这样僵持着。

岳飞接到董先的报告后，担心董先人少吃亏，便率领大军回师接应。李成此时攻也不是，退也不是，正不知如何决断时，突然远远地看见了岳家军的大旗，大队阵容整齐的人马正向这边赶来。他知道自己又被岳飞算计了，嚣张的气势顿然消失，急忙调转马头，率队逃跑。

岳飞亲自指挥大军渡河追击，在三十里的追击线上，打得李成溃不成军。岳家军活捉伪齐将官数人，俘获伪齐士兵数千人，这就是著名的牛蹄山大战。

捷报送到临安，宋高宗提升岳飞为太尉。

第六章

赵构求和

君臣嫌隙

怎样收复黄河中游的失地，这是一个一直缠绕在岳飞心头的问题。对此，岳飞心中酝酿着一个计划，即从他的驻地鄂州出发，北上进军，直捣汴京，而南宋的其他军队则从东南和西北两翼出兵配合，合击伪齐和金军。为了实现这个计划，岳飞从各个方面做着准备。但是，朝廷在人事上正发生着一个极大的变更，对此后的战事发生了非常重大的影响。

赵鼎和宰相张浚是朝中两位重臣，但由于观点上的差异，他们之间的分歧越来越大，以至达到再也无法共事的程度。两个人争吵不休，始终没办法心平气和地面对。

最后，赵鼎自愧弗如，便提出辞职，离开了朝廷，辞去了原有的职位，到绍兴当一个小小的知府去了。

赵鼎被张浚逐走后，朝廷又引进了一名大臣，他便是后来遗臭万年的秦桧。返回宋廷的秦桧，曾被闲置过，如今，张浚将赵鼎逐走后，就将目光转到了秦桧身上。由于秦桧在北宋末年曾表现过反对求和，张浚被这个表象所迷惑，以为秦桧依然像当年那样，因此就想拉拢秦桧，一来可以培植一个自己的亲信，二来也为自己培养个接班人。

经过从前被宋高宗罢去相职的教训，秦桧也学乖了，尽量地靠拢张浚，同时又克制住自己暴虐贪婪、媚敌求荣的本性，明是充当宋国大臣，实际上却是一个地地道道的奸细。

绍兴七年正月，金朝向南宋通报了徽宗的死讯。

高宗每每见到朝臣，总要装出无比哀恸的模样，时常一

把鼻涕一把泪地倾诉着他和徽钦二帝的深厚骨肉之情，以及家仇国志难酬的悲哀。而且每当与岳飞见面，常要谈及国势军情，表现出抗金之意。

当时岳飞又增添了一个太尉的头衔。太尉是当时武阶官中最高的一级。岳飞的职位实际上已经与韩世忠、张俊等大将平列。因此岳飞在朝中已算得上一个举足轻重的人物。

当岳飞和宋高宗谈话时，岳飞就机智地将话题引到再次出兵北伐的问题上。一次宋高宗问岳飞是否有良马，岳飞就以自己的一匹马为例子，说明喂养好马需要懂得如何饲养，如何让它发挥最大力量。借此机会他提出只要高宗能够放心大胆地委派给自己更多的军队，就一定能够取得更大的成绩。他希望高宗不要被从前北伐成果不大理想所吓倒，而应该将目光放长远些，这样才能有所成就。

皇帝将岳飞的话听进去了，并且开始将许多兵权授予岳飞。他曾经背着韩世忠等人，单独召见岳飞，亲切而满怀期盼地对岳飞说："振兴国家，收复国土这件事，就交给你了，除了张俊和韩世忠外，其他的人就全权由你指挥了。"这样，岳飞所指挥的范围，不仅包括了刘光世军，还包括仍为宣抚副使的吴军，殿前司、侍卫马军司、侍卫步军司等军，总计约十六七万人。

宋高宗将全国大约一半以上的兵力，都授权划归岳飞来控制和指挥，岳飞重权在握，这在宋朝的历史上是从来没有过的，证明宋高宗对岳飞的重视。岳飞盼这一天已经盼了很久，收复故土的希望更近了，他不禁万分欣喜。岳飞对高宗的信任十分感激，他在无比激动的心情下，用正楷工工整整地写了一篇奏札，敬献给了皇上。奏札中岳飞提出他早已成熟在胸的军事计划，表示大概在三年时间内，就可以将失地收复，对此他充满了必胜的信心，而在表述了满腔的豪情壮志之后，岳飞又向高宗提出他唯一的忧虑，即军粮问题，他在奏札中反复强调，希望能够引起高宗的重视。

高宗看完后，很是高兴，对岳飞说："有你这样忠心的臣子，我还有什么可担忧的呢？"同时，又发了几个札子给岳飞，再次扩大他统兵招兵的权力，宋高宗还亲自给岳飞发了两个手诏，让岳飞一定要抓住时机，恢复国土，切不可坐失良机，误了中兴大业，还说了一些鼓励的话。

对于高宗来说，这只是封建统治者为了自身利益而采取的一些笼络大臣的手段，但是对岳飞这个"精忠报国"的忠臣来说，却是非常大的鼓舞。他的心情是既兴奋又激动。恢复中原大业，报仇雪耻之志不能实现，他的心情一直非常郁闷，现在，终于有机会"重新收拾旧山河"了，他积极地投入到伐金的准备工作中。

但是，岳飞并没有料到，实际形势并没有他想像中的那么乐观。高宗并非全心全力地要抗金，他所有思想的核心就是要怎样求得金朝的谅解，如何与金朝议和。

他总是在金军南下侵宋的时候，就吓得逃跑，而当宋朝军兵节节获胜，将金兵打退，且行将收复大部国土的关键时刻，他就害怕起来，害怕金朝统治者会怪罪于他，于是就在战争最激烈时，下诏将兵召回。

从前岳飞收复伊、洛时就是这样的情形。所以收复中原的道路屡屡受阻，行动断断续续。特别是当秦桧这个内奸再

次混入朝廷，在高宗身旁为他出谋划策后，抗金的道路就越发艰难了。

秦桧回到宋朝后，凭他那张能言善辩的巧嘴，不仅将张浚蒙骗了，而且将宋高宗哄得迷迷糊糊的。高宗曾高兴地说："我得了秦桧，就高兴得睡不着觉了呀。"

秦桧作为金朝派到宋朝的奸细，一回来就提出北方归北人管，南方归南人统治的分裂国土的卖国主张，并且强烈地向高宗表示出要为宋金议和效力的愿望。这正好符合宋高宗的心理，于是对秦桧非常宠幸，且将议和的希望大都寄托在秦桧身上，他似乎感到议和之门就在眼前缓缓打开，而秦桧就是那个手握钥匙的人。于是，高宗又授予秦桧枢密的重任，并且时常奖赏秦桧，两人的心思达到了

"心有灵犀一点通"的程度。

岳飞的功劳越来越大，所受的封赐越来越多，手中的兵权越来越大，这对秦桧无疑是一个巨大的威胁，引起了秦桧极度的不满和嫉恨，同时又怕岳飞攻打金兵，引来金朝贵族对他的不满，所以秦桧就千方百计地阻挠岳飞收复中原的行动。

擅自离职

伪齐军两次南犯时，长江防线的南宋各路军马都与伪齐军交锋过。在战斗中，各路兵马的战斗力及其统帅的才能都展现无余。而刘光世表现得最差，他畏惧金兵不敢交战，且沉湎于酒色，不理朝廷政事。因此宰相张浚建议削除刘光世的兵权。宋高宗对刘光世几乎将淮西拱手让给伪齐的行为也十分恼怒，他也认为削除刘光世兵权的时机已经成熟，只是没有接替他的合适人选，才迟迟没有做出最后的决定。

张浚为了解除刘光世的兵权，就派心腹吕祉到刘光世的军营中，逼迫刘光世主动辞职。接着张浚便以都督诸路兵马的名义通知岳飞接管刘光世的军务。同时，宋高宗又命令原刘光世部下大将王德等接受岳飞的指挥，并说，因为形势需要，把两军合并，你们要听岳飞领导，同心合力为国家效命，岳飞的命令就是朕的命令，如有违抗，将以国法制裁。但宋高宗始终未签发任命岳飞接管的诏书。

这些行动岳飞都已经知道了。素以收复失地、恢复中原

为志的岳飞欣喜异常。他每次北伐，都因兵力不足，而成为局部战役。刘光世的部队兵马是自己的两倍，如果真能将这两支军队并归一起，则可大展宏图。伪齐的刘豫政权，由于两次南征均以失败告终，士气低沉，人心涣散，这正是南宋大举反攻的好时机。于是，他向宋高宗阐发了自己指挥这两支军队消灭伪齐政权、直捣金都的战略构想。

宋高宗对岳飞这个雄心勃勃的计划并未明确表态，仅以鼓励之辞答复他。此时岳飞高兴得似乎有些丧失冷静，把合并刘光世军当做一种既成事实。但事过不久，宋高宗却取消了将刘光世军合并到岳家军的打算。

事发突然，但也是有原因的。

第一，岳飞并不是宋高宗心目中接管刘光世军的最理想人选。

第二，是历史的教训。自唐末以来，武人拥兵自重、不服朝廷管辖已成为公认的教训，北宋王朝的建立就是掌握兵权的赵匡胤发动政变取得的，因而宋太祖留下祖训，对武官分而治之，不使其拥有重兵。

第三，其他文臣武将对岳飞兵权急剧扩大感到担心。

第四，宰相张浚的私心。他一向自视过高，认为自己的功劳比岳飞大，官职比岳飞高，统制全国兵马的权力应该由自己拥有，因此就出头反对岳飞的用兵计划，不断在高宗面前提出反对意见。而秦桧则乐于在一旁煽风点火，这两个人一明一暗地将宋高宗搞得有点动摇。原本高宗只是在一时的感情冲动下，才将兵权授予岳飞，但是他降金的念头从来也没有断过，只是因为种种缘故，他才在表面上装出一副抗金的模样。

如今在张浚和秦桧的鼓动之下，他才如梦初醒，想当年，宋朝的开国皇帝就是以武将的身份，发动了政变，当上了皇帝，而为了解除后患，又采用"杯酒释兵权"的办法削了一部分武将的兵权，才安安稳稳地做起了皇帝。因此对武将的防范和猜忌，就成了赵宋代代相传的家规。

高宗自然也不会例外。狡猾的宰相张浚和秦桧就是利用高宗的这个心理，以历史来提醒高宗，不要忘记列祖列宗的教训，免得犯错。他们的目的就是让高宗明白，如果给岳飞太多的兵权，那么有朝一日岳飞权力达到了顶峰，功盖天下，而一旦起了谋反之心，那么想后悔也来不及了。

高宗领悟了他们话里的意思，毫不迟疑地给岳飞下了一道诏（zhào）书，收回曾经授予岳飞的统率淮西军的命令。这一切都是岳飞所无法预料的，高宗授予兵权时的情景还清晰地印在脑海，高宗当时殷殷叮咛的话语还回响在耳边，可是事情竟然已发生了这样的变化，怎不令人气愤？

捧着高宗的诏书，岳飞双手抖得很厉害。高宗在这件事上心里有鬼，所以不好直接面对岳飞，就派了张浚将岳飞召至都督行府。在岳飞义正词严的质问之下，张浚也说不出什么冠冕堂皇的理由，他只是通知岳飞，说淮西军的指挥已有了新的安排，装作从没有发生过授权岳飞统率淮西军的事情。

几天之后，朝廷又下了一道命令，通知岳飞先回鄂州等候命令，而将各路军并入岳家军的计划也成泡影，北伐金军

之事又要作罢，所有的一切努力都化为乌有。而这一切，都只是在短短的瞬间发生了，令人不禁心生疑惑。

岳飞开始了思索，一串串的疑问涌上心头，搅得岳飞心里乱糟糟的。他想起当年，收复襄阳六郡时朝廷不许越出界线一步，攻打伊、洛时不许渡河深入，而此时正当收复国土的大好时机，却又毫无理由地要收回兵权，分散兵力，这一切都不是偶然或无意的，而是别有用心。

岳飞对高宗的出尔反尔，异常愤慨，于是上奏请求解除军务。理由是与宰相张浚意见不和，无法共事，当然实际理由并不是这一点，岳飞此举是为了表示对高宗的强烈不满。按当时的封建礼法制度，臣僚提出辞呈，必须要先经过皇帝的首肯，才能够离职，但是岳飞在极度愤怒下，不经皇帝许可，只对随从把军中机密作了一番交代后，就满怀悲愤地离开了建康，奔向庐山东林寺，给亡母姚氏守孝，尽一番孝心。岳飞这一近乎惊世骇俗的"抗上"行为，反映了他性格倔强的一面。

岳飞擅自离职，大大激怒了宰相张浚。他多次上奏高宗，说什么获取制兵权，是岳飞早已预谋的事，而如今岳飞未经允许就擅自离职，是用以要挟皇上，并且想办法剥夺岳飞的兵权。像狐狸般狡诈的秦桧，竖起两只耳朵，一边倾听高宗的动静和意向，一边也极度热情地支持张浚，一心想整垮岳飞。

岳飞的举动，也令高宗大为震怒。他对岳飞的疑忌也更加重了，但是在众大臣婉转的劝说下，加上和谈还没有获得成功，在军事上还要依靠岳飞，所以权衡利害得失，他按下

了心头怒火，一面派都督府参议军事张宗元代领岳家军，稳住岳家军，一方面派岳飞的部将李若虚、王贵等上庐山乞求岳飞下山。

为了逼迫岳飞出山，高宗还特别吩咐，说如果不能将岳飞请回来，就将他们和岳飞一同按军法处斩。

张宗元是宰相张浚的心腹，原来他曾对岳飞怀有很深的敌意。他接旨到达鄂州后，着手统领岳家军。

岳家军对此感到非常担忧，人心慌乱，都说："如今我们已经换了一个统帅，岳相公恐怕是再也回不来了。"后来由因病告假的张宪出来主持军务，详详细细地向军中各大小将领解释派张宗元来岳家军的原因，费了好大一番口舌才将全军将士的军心稳定下来。

张宗元看到岳家军严明的军纪，雄威的军容，昂扬的士气，不禁消解了对岳飞的敌意，从心底对岳飞产生了深深的敬意，禁不住长叹一声："岳帅果真治军有方啊！"从此尽心尽力地操持着军务。

与此同时，王贵和李若虚带着皇上的命令来到了庐山东林寺。

他们费尽了口舌，动用了多种理由，始终无法把岳飞说动。接连劝了几天，到了第六天，李若虚不得不将最后一张牌拿出，他对岳飞说："相公想造反吗？你从前只是河北的一个小农夫，后来皇上将重任托付给你，让你掌握兵权，这都是朝廷赋予你的恩典，难道你现在要与朝廷对抗吗？相公如果执意不肯下山，那么我们就会因此而遭斩，我们难道有什么对不起相公的吗？"

为了不使自己的下属因此而受到牵连，也为了抗金大业，岳飞只好受诏下山，尽管心里千百个不愿意，但是却不能违抗皇上的命令。

依照当时朝廷的制度，在恢复官职之前，岳飞必须先去求得皇上谅解。

为了表示自己的诚意，岳飞返回鄂州之前先到建康，朝见宋高宗。

当然，这次朝见主要是向宋高宗表示歉意，自责对高宗的不敬，他上奏说：臣因离职守丧，多次违背您的旨意，按国法论是死罪，请陛下维护刑罚的尊严，将臣处以死刑，以儆天下。

当然，这都是维护皇帝尊严的礼节性语言，高宗是不会杀他的。高宗回答的话表面上看来平平和和，像在宽慰岳飞，实际上却含有责备、惩罚之意，话语之中还透着杀机。他说太祖皇帝训诫，凡有违犯本朝法典的，应按罪论斩。但你的忠心我很明白，所以我不会杀你。这次仍然派你统率岳家军，表明我并没有怪罪你。

于是，岳飞抛开了个人的恩怨，重新认真地筹备北伐事业。

实际上，宋高宗对岳飞的不满已达到不可挽回的地步，只是他目前要依靠岳家军维护自己的统治地位，又没人能取代岳飞在岳家军的地位，才不得不表面上对岳飞加以安抚。

议立太子

　　擅离职守的抗上行为使岳飞与高宗之间的裂痕加剧。不久之后，又发生了议立太子之事，再度引起高宗对岳飞的强烈不满。

　　在封建社会，册立太子象征着封建王朝的安定，可以免除皇位继承权的争斗。宋高宗赵构是赵氏王朝的第十位皇帝，他曾有个儿子，但很小就夭（yāo）折了，此后再无生

育。因此，皇位的继承权问题引起朝廷内外的关注。

当初赵匡胤建立大宋王朝，继承皇位的应该是他的儿子，但皇位却被其弟赵光义谋夺。赵构是赵光义的后裔，当上皇帝也无可非议。

现在赵构无后，那么皇位就应该传给赵匡胤的后裔。赵构也对他的大臣们明确表示，要在太祖的后裔中选立太子，并且表明自己的心意说，太祖靠武力夺得天下，而子孙却不能继承，且零落衰败。我现在就将皇位还给他们，以告慰太祖的在天之灵。

但是，太子的选择工作进展并不顺利。最初挑选了四五人，赵构看过都不满意。后来又选来一名叫赵伯琮的太祖七世孙，赵构很满意，于是将其收为义子，但并没有立即册封其为太子。不久，受赵构宠爱的吴才人非要再选一个义子由自己抚养，将来再从二人中选一人为太子。这样，册立皇太子之事始终未有结果。金朝为了扩大南宋王朝内部的矛盾，决定把宋钦宗的太子赵谌送回南宋。而赵构即位之后，未曾废除赵谌太子封号。赵谌还朝，必然引起皇位继承的混乱。

时刻以国家为重的岳飞想到，只有在赵谌还朝之前册封太子，才能避免混乱。他在临安期间，曾经见过赵昚（赵伯琮过继给赵构后的新名字），认为赵昚天资聪颖，是理想的太子人选，应尽早册封。当他向宋高宗提出自己的建议时，宋高宗很不高兴，很严厉地说："你的话虽然出于忠心，但你在外握有重兵，不应参与立太子之事。"并警告他以后不得干预朝政。从此，岳飞在高宗心目中不但是一个桀骜不驯的武官，而且还是一个值得警惕的握有兵权的武将。

善于见风使舵的秦桧揣摸出了高宗的心思，就一个劲儿地在高宗身边吹风，说岳飞的坏话，对岳飞的不敬之举表现出极大的愤慨，以博取皇上的欢心。

前一段时间，岳飞还是高宗最信任、最赏识的大将，而现在岳飞却成了高宗最猜忌、最不放心的武将，君臣之间虽然表面上已经和好如初，可是暗地里却彼此怀疑，他们之间的裂痕正在一步步地扩大。岳飞志在抵抗金兵、收复国土，高宗对此却毫无诚意，一心只想求和，且担心帝位不保，这就注定了岳飞后来的悲剧。

岳飞统率各军大举北伐的幻想虽然破灭了，但是挥军北伐、抗击金军的愿望却始终没有放弃过。岳飞重新振作精神，整顿军队，打算再次出击。返回鄂州后，岳飞再次向高宗上奏章，坦率地指出朝廷消极防御、不敢出兵主动进攻的错误。并且主动提出愿意带兵进驻淮河的建议。

岳飞确实是一位德才兼备的大将，他没有将个人得失放在心上，一心一意地完成抗金大业。高宗对岳飞的忠心进行了一番夸奖，也对他的建议进行了考虑，最后决定由岳飞带领部队进驻江州，这样可同时照顾到其他一些地区。于是，岳飞抛开了个人恩怨，重新筹备起北伐事业来。

淮西兵变

岳飞与宋高宗之间的矛盾刚刚化解，淮西就突然爆发了大规模的兵变。

淮西原来有五万军兵，若按当初的计划加入到岳飞的军队里，将会使岳飞如虎添翼，大大增强宋军抗金的力量。但在刘光世被撤职后，王德顶替了刘光世的位置。王德是个骄横自大、目空一切的人。

有一天，在校场阅兵时，各将领按军礼拜见王德，其中一向害怕王德的郦琼与王德套近乎，向他说好话。王德却不加理睬，连看都没看郦琼一眼就上马走了。这下可把众人给惹恼了，郦琼就乘机串通各位将领，联名上告王德。

高宗于是任命郦琼为副都统制。张浚派他的心腹吕祉去监督淮西军，并把王德留在那里的人马调回建康。

吕祉这个人的品行与王德一样，到达淮西后，非常傲慢，对待官兵极端无礼。他可以说出一套又一套统率军队的道理，但实际上对带兵作战却束手无策，毫无得力措施，他的傲慢更是激起了军士的愤怒。

郦琼对吕祉心存不满，暗地里起了异心，因此拉拢许多将领，一齐反抗吕祉的独断专行。吕祉发觉情形有点不妙，就上书朝廷，请求罢免郦琼的兵权。没想到郦琼居然知道了这个消息，他干脆一不做二不休，杀掉了吕祉，然后带领全军四万多人一同投奔伪齐。淮西原是宋朝四大军事要地之一，现在一下子成了无兵无防的状态。

高宗得到奏报，赶紧给岳飞下诏书，让岳飞写信将郦琼争取回来。因为岳飞和郦琼是同乡，而且在郦琼营中素来声望很高。

高宗许诺，如果郦琼回来，可以不计较从前的事情，而且给他升官加禄。虽然有岳飞的书信和高宗的许诺，可还是无法将郦琼从伪齐营中拉回来。这件事让高宗懊悔不已。

为了防止因郦琼叛变而让金国、伪齐钻空子，岳飞首先加强了辖区内的守卫。他不辞辛劳，亲自率领将士，跋山涉水，冒着风雪严寒，巡视边界。

果然，在郦琼投奔伪齐后，刘豫立即有所反应，一面向金朝统治者乞求援助，一面着手做大举南侵的准备。

绍兴七年（1137年）九月，朝廷追究淮西兵变的责任，罢免了张浚的宰相之职，解除了他的都督诸路兵马的兵权。张浚被罢免之后，取代他的是赵鼎。

赵鼎当政后，逐渐改变了原来坚决抗金北伐的战略。他把战略重点由抗金北伐、收复国土变为固守江南。他还全面否定张浚的政策，认为张浚把战略重点放在北伐上，是自不量力。他还极力保举秦桧，留其在朝中任要职。赵鼎的这些政策，最终导致南宋对金朝屈辱求和。

巧间敌军

绍兴七年（1137年）初冬，岳飞派出的谍报人员刺探到金兀术与刘豫准备驱兵南下的消息。

一个北风呼啸的冬夜，巡逻兵在巡视边界时捉到了一名金军的间谍。足智多谋的岳飞立即想出了一个反间计，打算在这个间谍身上做点文章。手下人把间谍押到岳飞跟前，并询问岳飞是不是要将此人立即处斩。

岳飞偷偷地瞟了那人一眼，见那个间谍穿着宋朝人的

服装，因为害怕的缘故，全身抖得非常厉害，连站都站不稳了。

岳飞走到间谍跟前，对着他仔细地看了好一会儿，没有发话，只是在屋里来回踱步，然后突然像记起什么似的，既惊奇又严厉地责问那个间谍："你不就是本部的张斌吗？我派你去伪齐办事，你怎么去当了敌军的间谍？"

那间谍张口结舌，不知道怎么回答。

岳飞又将间谍带进自己的房间，更加严厉地问："前一次，我派你到伪齐去给刘豫送蜡书，与刘豫联络共商谋杀金兀术的计策，我一直在等你的回音，结果你却没有回来。你到那儿究竟干了些什么事情？幸亏这次抓住了你，才知道你竟然背叛了我，我平日待你不薄，你为什么竟然这样对待我？"

在岳飞一连串的追问之下，那间谍惊惶失措，胆怯了，于是将错就错地承认自己就是张斌，犯了死罪。他连说带哭地乞求岳飞放他一条活路，给他一个立功赎罪的机会。岳飞用半信半疑的目光看看他，然后苦苦思索了一会儿，终于答应饶他一命，但一定要立功赎罪。岳飞坐在桌前，写了一封信，用蜡封好，让那间谍再次送给刘豫。

蜡书大致的意思是：去年八月两军作战时，我命军兵全力进攻齐军，金人对你并没有产生怀疑。因此上次密谋的事情有望成功。如果事情获得成功，那么宋国与齐国便可成为和睦相处的兄弟盟国。

密书虽然进行了蜡封，但岳飞故意封得并不严密，使那间谍能看到蜡书的大致意思。然后，岳飞起身亲自为间谍松

开绑在身上的绳索，好言安慰了几句，并说："今天的事情就算了，但是你一定要借这个机会将这封书信送给齐王，不得延误，以此来洗去你的罪名，你回来时还要将齐兵南归的期限带回来。"

那个间谍的脑袋点得像小鸡啄米，满口应承着，不敢说半个不字。

岳飞满意地点点头，还送给他银子做路费，反反复复地叮咛，警告他一定要将蜡书送到齐王的手中，而且不能泄露一丝半点的秘密。

那间谍巴不得快点离开，谁知刚走出两三步，又被岳飞叫了回去。岳飞显出不太放心的样子，再次详细叮咛。就这样反反复复做了三次，每喊回来一次，就多给他加些钱。岳飞的举动，使这个间谍感到这个情报的重要性，也让他彻底相信刘豫与宋军私下勾结。

那间谍一出宋朝防区，就快马加鞭地往金营奔去，见到金兀术后，就将蜡书呈上。兀术看后，一点都不怀疑，并重赏了那个间谍。兀术与刘豫之间本来就有矛盾，这次获知刘豫私通宋国，更觉得刘豫有二心，马上将这件事报告给金朝皇帝。

刘豫以前几次南进不但无功而返，而且损兵折将，还丢掉大片土地，金熙宗对他早就不满意。尤其刘豫的靠山粘罕已经死去，刘豫已经没有什么后台可以依赖，所以刘豫的下台当然是不可避免的。

十一月，挞懒和兀术率兵来到汴京，废除了伪齐政权。

这样，北伐收复失地的又一个障碍被清除了。

和战之争

金国废掉伪齐政权后，又放出风声，准备叫钦宗回来当傀儡皇帝。此时，高宗派遣迎奉徽宗的梓棺（棺材）的使臣刚好到达金国。金国大将挞懒对使臣王伦说，和议将会很快达成，并且以归还徽宗的梓棺、高宗的生母韦氏，以及黄河以南的土地作为诱饵，发动政治攻势，以动武以外的方式来和宋军斗智。王伦回到临安后，将这个消息禀报给皇帝高宗。这一个意外的"好消息"令这个一心求和的皇帝欣喜若狂，为了在臣子面前掩盖自己奴隶的本性，他不得不装出一副无可奈何、无比哀伤的神情，沮丧着脸说："太上皇的梓棺，皇太后和渊圣皇帝还在异国他乡受苦受难。我日夜牵挂，始终放不下心来，如今金国能够答应我的要求，将他们都送回来，其他的一切都很容易办到。"高宗的意思就是说，只要金国答应议和，那么他将不惜一切代价去满足金国的要求。这是一个卑微懦弱可怜到什么程度的国君啊。

刘豫被废黜的消息传到岳家军中，全军人心大快，将士们纷纷击鼓以示庆贺，从而也更增添了收复中原、恢复国土的信心和勇气。而长期沦于金、伪齐统治之下的北方人民，更加迫切地希望实现祖国南北统一，不再受异国的欺凌，许多爱国的原来金、伪齐的官兵也纷纷参加了抗金斗争，出现了一个争取全国统一的高潮。所有热血人士都在殷切期望着宋廷的出兵举措。

伪齐垮台的消息，在岳飞的心中掀起轩然大波。他认为反攻的时机已到，于是上书高宗，请求扩大自己军队的编制。此时的岳飞知道宋高宗无心北伐，因而在奏章中未提北伐之事，而是强调自己的防区大、兵力少，金朝直接统治原伪齐地区会大举南犯。为了应付金兵南犯而要求扩军。其实他的真实用意却是扩大兵力，为反攻做准备。

谁知宋高宗看完他的奏章后，很不以为然，他对亲近大臣说，岳飞的兵力不足，应该要求缩小防区，不应要求扩军；扩军之后，尾大不掉，是最值得警惕的。

宋高宗拒绝了岳飞的请求。第二天，宋高宗把行都由建康迁回临安，这一行动意味着南宋对金战略发生了根本性转折，完全放弃了北伐的战略。

岳飞得知高宗的决定后，才知道又是竹篮打水一场空，不禁大失所望。

就当时的形势来说，敌军的分化瓦解，既削弱了敌人的力量，也增强了宋军的力量，确实是一个北伐的好机会。

然而胆小怕事的高宗却将岳家军看得牢牢的，不许他们向防区外跨出一步。这样千载难逢的机会，就这么从身边溜走，岳飞实在感到痛心，因此焦虑难安，坐卧难眠。

当时的宰相是赵鼎，面对这样的形势，赵鼎也向高宗极力陈述出兵北伐的好处，他说：朝中大部分的士大夫都说中原有收复的可能，只要能够及时出兵。如果按兵不动，不仅会错失良机，而且将会引起不少的非议。

可是任凭臣子们如何晓之以理，动之以情，高宗就是不理不睬，坚决按自己的意愿行事。他只想紧紧地抓住这微弱的议和的希望，早日实现议和，这一天他已经盼了很久很久。面对赵鼎的劝说，他并不往心里去，并且还不加掩饰地对赵鼎说：你不用担心朝野的议论，到如今，太上皇的梓棺、皇太后、渊圣皇帝（赵桓）都不曾回来，如果不和金国议和，他们就永远也回不来。

宋高宗不顾一切反对，把与金国议和当做一切政治、军事活动的中心。至此，一场议和和反议和的斗争，在南宋统治集团内部展开了。

反对议和

南宋王朝的四个宰相中有三个是主和派。左相赵鼎和参知政事刘大中是体面的主和派，一方面主和，一方面要求不失南宋国格。

右丞相秦桧是以主和派面貌出现的不顾廉耻的投降派。因为他和金将挞懒有密切关系，宋高宗为了保持一条与金朝的联络渠道而重新重用他。

枢密副使王庶是一个坚决抗战派，但他地位最低，职权也最小，以一人对三人，势单力孤。

高宗和秦桧串通一气，赤裸裸地推行投降政策，他们原以为议和不会有多大困难，却遭到许多人的反对。因为高宗屈辱求和的政策，既违背了广大劳动人民的利益，也不符合

地主阶级中大多数人的意愿，所以支持他的力量是极其微弱的。但他是南宋的最高统治者，手中握着生杀予夺的大权。战与和，只在他一念之间，没有人可以阻拦。

朝廷中分成两个旗帜鲜明的营垒。抗战派以岳飞、韩世忠为代表，他们热爱故土，痛恨侵略国土、践踏家园的金人，为国家担忧，为人民着想，始终以坚强的意志对抗投降派的卖国主张。而投降派则是为了各自的目的，聚拢到一起，从中谋取自己所想得到的利益。

如高宗，这个居于权力顶峰的皇帝，为了保住帝位，不惜解除精忠报国的将领的兵权，不惜降低身份向金求和，只为能坐稳皇帝宝座；而秦桧，作为金国派到宋朝的奸细，想为金国立功的心思已不止存在一天两天，而是积蓄了很久，所以当高宗表现出与金国议和的趋势，他就想尽办法跟着高宗，照着高宗的眼色办事；还有的人或出于害怕，或出于对高官厚禄的贪欲，不一而足，但却是同一个鼻孔出气的反对与金朝作军事上的对抗。

反对议和的奏章和书札，就像雪片一样飞往朝廷，抗金的呼声一浪高过一浪，高宗卖国求和的行动陷入了异常艰难的处境，但是，他议和的主意已定，决心利用他的权力，将这件不甚高明的事坚持到底。

得到王伦回来汇报的金国答应议和的消息后，高宗感到他非常需要培植一个得力助手，好给他增添力量，顺利地完成"议和"这项"伟大的事业"。因此高宗很快地拜秦桧为尚书右仆射、宰相兼枢密使。这是高宗一项重要的部署，即要秦桧出面负起全权处理与金议和的责任，同时也是向金朝统治者表明，由秦桧主持议和一事，应该是值得信赖的吧！

虽然朝中最重要的决定权是由皇帝掌握着，但是军事大权是掌握在很有声望的韩世忠、岳飞等人手中，因此投降派不得不有所顾忌。为了笼络人心，高宗召掌握兵权的韩世忠、岳飞和张俊到朝廷，以便对他们进行说服工作。

一天，岳飞正在家中和同僚讨论当前的国家形势，对高宗、秦桧等人的投降活动大为愤慨，这时，有皇上差遣的人带来金字牌快递的命令，要岳飞即刻起程，往宫中议事。岳飞明白高宗议和的主张已定，再劝说也没有多大效果，于是只想拖延前行，他一再地向高宗请求，说近来身体不好，希望能够退隐山林。最后看躲不过去，只好在九月底，赶到了临安。

君臣相见时，在高宗面前，岳飞也丝毫不作让步。

他坦白地对高宗说："对金人不可相信，不能够一味地等待议和。议和是下策，对国家没有任何好处。如果不加抵抗地对金国屈膝，一定会被后人嘲笑的。"

面对高宗，岳飞大义凛然地说出自己的见解，高宗哑口无言，无语以对，场面非常尴尬。岳飞再次提出出兵北伐，收复国土的计划，企图能让陷入议和这个漩涡中的高宗回心转意。

韩世忠是一个满腔热血的将领，很久以前他就已经向高宗提出北伐，对于高宗的议和，他早就在心里憋了一肚子的火。所以这次应召入朝，他更是直言不讳地将自己的看法和盘倒出，言词激烈，态度激昂，面对最高统治者，丝毫也不畏惧。召见之后，韩世忠压抑不住满腔的悲愤，又接连上书

十多封，旗帜鲜明地反对议和，主张大举北伐，并表明如果朝廷出兵，他愿意担当这个重任。一片爱国之心跃然纸上，令人为之赞叹。

而另一个大将张俊，却表现得与岳飞、韩世忠两人截然不同。张俊本就是胆小怕事的人，就像那墙头的草，东风来便往西边倒，西风来便往东边倒，毫无主见。当他知道高宗坚决要议和的意图后，为了赢得高宗的宠信，就抓住各种时机，对议和活动大加赞赏，以讨得高宗和秦桧的欢颜。在淮西发生兵变的时候，张俊吓破了胆，擅自逃离了盱眙。为这件事他一直提心吊胆的，生怕高宗治他的罪。

有一段时间，他弄不清楚朝廷的动向，为逃避擅自逃离驻地的罪责，抹去这个不光彩的污点，他曾神情激昂地对高宗打包票，说什么他将和岳飞等人的军队合在一起，大破金军，报效国家。但是，当岳飞等将领为北伐一事与议和派闹得不可开交的时候，他却远远地逃开，将从前的誓言忘了个一干二净。对敌人的畏惧，对荣华富贵的欲求，使他一头扎到高宗和秦桧的投降派圈子里，做了高宗身后又一条摇尾乞怜的哈巴狗。由于张俊的及时转变，令高宗大为满意，并对张俊大加赞赏，从此，张俊就成了朝中最受宠幸的大将。

岳飞凭着出色的战绩，官职越升越高，年纪轻轻就已经列入了宋朝高级官员的队伍。在宋朝的五大元帅中，岳飞原先的资历最浅。当韩世忠、张俊和刘光世升任节度使时，他的官职还非常卑微，但在短短的几年内，岳飞的战功和声望都超过了他们，在皇上心中岳飞的地位也越来越重，这就令韩世忠和张俊忌妒不已，心中暗暗不平。为了顾全抗金大

局，岳飞尽力和他们友好相处，并且先后给他们写了几十封书信，对他们的战功大加赞赏，并表示对他们的无比钦佩之意。可是这两个人对岳飞友好的表示采取不理不睬的态度，那一封封言词恳切的信都如同石沉大海，杳（yǎo）无音讯。镇压洞庭湖农民起义军后，岳飞将缴来的车船各送一辆给他们，车船装备齐全，外形美观。韩世忠高兴地接受了，于是同岳飞握手言欢，而且由于在抗金上持同样的态度，因此就一同站在了抗金派的队伍里。而张俊收到那艘长三十丈、高五丈的巨船，认为岳飞在有意地炫耀战功，心里更加痛恨岳飞了。因此，在这场投降派与抗战派的斗争中，张俊则有意地排挤和陷害岳飞，以发泄个人私愤。

为了压制不同的政员，培植得力亲信，增强自己的力量，以便更好更快地进行议和活动，高宗决定更换宰相和执政官。朝中所有反对议和的大臣，高宗都一一罢免了，如王庶、赵鼎和刘大中这些碍事的人物都被赶下了台。秦桧爬上了相位，竭力地扩大自己的党羽，将那些素日与自己有矛盾的人的官职罢了，而那些善于说好话、阿谀奉承的仆人却不断地获得升迁。

对于秦桧等人的议和行动，从黎民百姓到朝廷官员，反对抗议的呼声一浪高过一浪，谴责和讥讽汹涌而来，令议和派防不胜防，堵又堵不上。当时任中书舍人的勾龙如渊，是一个善于见风使舵的小人，他看到秦桧为此焦虑不安，便在一个深夜里，悄悄地溜进秦桧府中。两人在一起密谋了很长时间。勾龙如渊向秦桧建议说："相公为国家大事，尽心尽力，但是各种非议纷纷而来，令人深感不平。面对这样的情

况，相公不如重新选择御使台官和御使谏官，平息这些对相公不利的言论，这样相公行动起来就方便多了。"

秦桧对这个提议感到无比满意，立刻就将勾龙如渊提升为御史中丞。宋朝的御史台官和谏官控制着朝野言论，可以约束朝中官员的评议时政得失的言论自由。

自从勾龙如渊当上御史台的长官以后，台、谏官便失去了公正的自由，而成为秦桧控制舆论，为自己服务的一个工具，而御史台也成为打击异党的一个有效的机构。

秦桧身为朝廷宰相，独揽中枢大权，但是由于当年曾被高宗罢过相，被闲置的缘故，刚上台时还不敢放开胆子做事，心里还有所顾忌。于是，他想出许多法子来试探皇上的心意。

一天，他避开众人，对皇帝说："皇上，关于议和这件事，如果皇上已经下决心一定要和金进行议和，那么，请皇上只与臣商量，不要让别人插手，否则只会增加议和的困难。"高宗抚着胡须，点头称是。秦桧还是不放心，说请皇上好好地考虑三天再作决定。

三天后，他又要皇上再仔细地考虑三天。又过了三天后，高宗对他表现出了非常信任的态度，这才宽了秦桧的心。接着，他拿出早已思虑成熟的议和方案，奉献给皇上，并且提出要由他来专门负责议和这件事情，不许别人插手。对于这一切，皇上都应允了，秦桧这下可高兴坏了，眼睛笑成了一条缝。

高宗将国内的事情安置好后，又派王伦再次前往金国。王伦出使金国前，高宗对他千叮咛万嘱咐，让他一定要用谦和的态度，适当的话语，向女真贵族政权表示出宋朝屈服议和的诚意，并要求金朝派使臣赴南宋，具体商议议和条款。

高宗求和

绍兴八年夏天，金熙宗答应派遣使臣携带《国书》随王伦前往南宋。关于金朝将派使臣到宋朝来谈判的消息传到国内后，朝中顿时激起了一片反对的声浪。有的大臣说，这只不过是金人打着议和的幌子对宋国进行敲榨，索取数百万金币岁贡的机会罢了，岳飞也说这只不过是金人的缓兵之计，企图遮盖住想完全吞并宋国的野心而已，文武百官对此纷纷提出反对意见。

高宗对这越来越高的反对之声，虽然极力装作不在意，可还是有些害怕。在朝臣面前，他又施出那套演戏的伎俩，做出一副可怜巴巴的模样，说："先帝的灵柩，还远在异国他乡，虽然等上几年，再将它迎回，也不会有太大的问题，但是皇太后年事已高，我日夜思念，盼望着骨肉早一日能够团聚。这就是我委曲求全的缘故啊。"

秦桧在旁也赶紧附和，说什么皇上委屈自己，为了孝道而招来骂名，实在是难

◎孝道：中华民族的两大基本传统道德行为准则之一，另一个基本传统道德行为准则是忠。几千年来，人们把忠孝视为天性，甚至作为区别人与禽兽的标志。《十三经》中的《孝经》把孝当做天经地义的最高准则。

得啊。高宗和秦桧想用封建社会非常看重的"孝道"来遮掩议和活动的真正目的，但是，稍微动些脑筋，就发现有许多问题很难作出一个合理恰当的解析。

高宗和秦桧想用"孝道"来遮掩议和活动的真正目的，但是这能骗得了谁呢？由此可以看出，他只是为了保住帝位，不想让钦宗回来，这是一个秘而不宣的重要谈判条件，也是高宗追求议和的真正目的。但是，无论怎么说，文武百官都阻止不了议和的进行。

终于，十一月，金熙宗派"诏谕江南使"张通古携带诏书，和南宋使臣一同到了宋朝。金朝使臣极其傲慢无礼，视南宋国家尊严于不顾，对宋国不称国，只称江南，将金熙宗的诏书不称"国信"而称"诏谕"，宋国的名誉根本就谈不上了。就连秦桧这种无视人格国格的人，也感到这么卑微的称呼对文官武将们难以交待。而且，按金国的规定，高宗必须面北跪拜张通古，双手接过金国诏书，捧着诏书举过头顶称臣。过去刘豫只是当了金国的"子皇帝"，如今高宗自愿从帝位降到臣子的地位，比刘豫更加卑辱，由此可见高宗为了议和，付出了多大的代价。

一时间举国上下议论纷纷，群情激奋，掀起了反对议和的高潮。就连退闲的李纲、谪贬的张浚辄也以极大的愤慨，上书反对和议。还有许多爱国将领、官员，也顾不上触犯龙颜，纷纷上奏章对这种卖国的举动加以指摘，如高宗亲信的殿前司主将杨沂中，也出来说，对于接受敌军的书信，不应该施行这样的大礼，否则难以对朝中大将作交待。秘书省校书郎范如圭除了与别人联名上奏外，还单独写信斥责宰相秦桧，指出秦桧卑鄙无耻的行为，说照此行事，秦桧必定会"遗臭万世"。

枢密院编修官胡铨的奏章，就是一篇声讨投降主义的雄文。他将满腔怒火诉诸纸上，言词锋利，连高宗也一起骂了。他指出高宗忘了国恨家仇，含垢忍耻，不仅丧失了自己的尊严，连天下人的尊严也一齐丧失了。他大大地将秦桧贬斥了一通，主张将主管议和之事的秦桧、孙近和宋使王伦一同斩首，以平息天下人的怒气。这篇正气凛然的文章，很快便在民间流传开了，并且被大量地刊印出来，极大地振奋了民心。

金朝统治者出重金将副本买到后，读后也大为震惊。

临安城沸腾起来了。军民在大街小巷，奔走相告，怒气弥漫在城中，街上四处贴满了醒目的榜贴："秦相公是奸细！"声讨秦桧之声一浪高过一浪。秦桧吓得昼夜难眠，无可奈何之下只得上表请求皇上治罪。

高宗被这种情形气坏了，立刻将英勇无畏的胡铨遣送到昭州，表示永不再复用。宋朝开国皇帝曾立下规矩，即不得杀言事官，所以这种处罚，已经是最严厉的一种。从这件事情上，高宗感到必须采取措施，压制这种抗议的呼声。为了惩一儆百，高宗下诏告诫百官，不准任何人再用"谣言"来阻拦议和"大计"的进行。

强制高压的手段，无法压住朝野的正义之声，因此，一来顾忌到自己皇帝的身份，二来也顾虑到民众的愤怒，年底，高宗借口给徽宗守丧，由首相秦桧代表他向金国使臣张通古行跪拜礼。气焰嚣张的金使，在当前紧张的形势下，不

得不降低原来订好的礼节规格，接受了议和。

绍兴九年（1139年）元旦，宋廷正式宣告宋金"绍兴和议"达成。为了不激起民愤，南宋政府将许多情况进行了隐瞒，不敢将全部内容公布于众，和议有以下这些条款：

一、宋帝向金国皇帝称臣；二、金朝赐予宋国刘豫所占据的河南、陕西等地；三、金朝归还徽宗和皇太后；四、南宋每年向金朝贡献银二十五万两、绢二十五万匹。

在宋金谈判过程中，金朝使者曾经有好几次暗示可将钦宗与皇太后一齐送回南宋，但南宋代表却对这个问题采取回避的态度，对金使的暗示装聋作哑，惟恐避之不及。

绍兴九年（1139年）正月，因求和获得成功，高宗宣布大赦（shè）天下，以盛筵庆贺这来之不易的"胜利"，以此来欺骗国人，表现一片国泰民安的和平景况。高宗为了"与民同欢"，还命令文武百官进献贺表，并用加官晋爵的手段软化反对议和的武臣。抗战派将领对此义愤填膺，拒绝向高宗进献贺表，以示对议和的抗议。

正月十二日，宋廷赦书传送到鄂州岳府。岳飞授意幕僚张节夫起草了一道著名的《谢讲和赦表》。张节夫性格豪迈，极讲气节，他用非常诙谐讥讽的笔调，明褒实贬的手法，将岳飞和自己对于敌人的愤恨、故土的眷恋和议和的愤懑，从笔下流淌，写成了一篇悲壮激越、气势雄浑的杰作。谢表的大意是这样的：我们国家经历了长期的艰难困苦，如今和金国议和，作为暂时的策略，为求得拯救国家危难，解救人民于水火之中，获得一时的平安，也是可以理解的。

但从长远来看，这毕竟不是一个长久之计，议和并不能保证维护得了国家的尊严，保得了我国人民的安宁。……
我有幸生活在这个和平时期，能够看到议和这样的大事。但
是，我作为国家大将，对国家没有做出什么贡献，不仅自己
感到惭愧，在全军将士面前我也觉得很愧疚。而且，我还时
常过多地担忧，经常感到不解，不知道敌人为什么会答应议
和。我想不明白其中的道理，但是我想此事一定有诈。我还
有一个顾虑，我担心即使我们对金国卑躬屈膝，言听计从，
并且增加货币来达成和议，结果金国也不会领我们这份情，
反倒会得寸进尺地侵略我们大宋的利益。

因此，我愿意制定夺取全胜的谋略，希望在收复两河失
地后，再迅速地收复燕云等故国土地，最后达到为国复仇雪
耻的目的。我向天发誓，一定要金人跪拜称臣！

这一封"贺表"，深沉而有力地表达了南宋人民受压抑
的抗金呼声，因此立即被人民互相传诵。"贺表"刚送往临
安，岳飞就接到了圣旨，升迁为开府仪词之司。岳飞很难接
受这样的荣誉，他接连上书，要求皇上收回成命。

可是心虚的高宗坚决不允，他连续下诏书，提出种种理
由，说什么军队在岳飞的统治之下，军容整齐，军威大振，
国家也日渐平和强盛，正是因为岳飞的缘故，才能顺利地达
到议和的目的。高宗将议和达成的许多功劳归到力主抗金的
岳飞头上，以荣华富贵来遮掩岳飞的嘴巴。

但是岳飞一向对卖国求和深恶痛绝，因主和派一手把持
朝政，自己意见不被接纳，只好对此事采取退避的态度，然
而高宗却将议和成功的功劳很大一部分归结于岳飞头上，如
果接受了官职，就是把耻辱当成了光荣，对一生气节高尚的

岳飞来说，是一个莫大的污辱，岳飞又怎么甘心接受这样的赏赐呢？

在奏书当中，岳飞不仅表示出对国家大事强烈的愤慨，而且他对官职坚决的推辞所表现出来的正义凛然，对那帮因卖国得逞，正在歌舞欢庆的高宗君臣来说，是一个非常明显的对比。而岳飞身为宋朝十万雄师的统帅，在投降之气四处蔓延，投降派苟且偷安，把持朝政的情形下，依然不忘北伐大志，时时刻刻地想着复国仇、雪国耻的宏愿，在历史上立起一道不朽的爱国主义的丰碑。

这对南宋广大的爱国人民来说，是一个莫大的鼓舞，而对秦桧等人，却如芒刺在背，一心为国的岳飞成了他们的眼中钉、肉中刺，大有不拔不快之意。至此，主和派和抗金派之间的裂痕更深了。

南宋史册列入了岳飞几次上书力辞官职的事实，并且，岳飞的事迹在宋朝国土的大街小巷中广为流传。

岳飞一而再、再而三地拒绝受封，只是出于内心的真实，而决没有标新立异、哗众取宠的意图，这一切主要是告诉高宗，告诉秦桧等人，议和只是一个暂时的策略，不是长久安邦之计，说不定什么时候金军就会撕毁和约，大举侵宋了，所以只有加强防备，增强国家的实力，防不测于未然，才是最上策。

岳飞是非常有远见的，他超出了现实，看得很远，具有极其敏锐的洞察力，是一个极其出色的军事家。

第七章

大败兀术

《小重山》

岳飞不仅是一位杰出的军事家，而且在诗词方面表现得也很有才华，他的词在民间流传很广，字里行间充满了激越的爱国主义精神，表达了坚决抗金、收复国土的宏大志向。

前面提到的《满江红》就抒发了这种强烈的情感。而另一首名为《小重山》的词，却是以一种低沉忧郁的笔调将内心的愁闷倾诉出来。

这首词是在高宗和金国达成议和后写的。岳飞对投降派卖国自贱的做法表示了无比的愤慨，却又无法阻止他们求和的脚步。面对这一切，他食不知味，睡不安眠，日夜忧虑。

一天晚上，岳飞想着复国大计渺无希望，心里的话没人倾听，就提笔在纸上写下了这一首脍炙人口的《小重山》：

昨夜寒蛩不住鸣。惊回千里梦，已三更。起来独自绕阶行。

人悄悄，窗外月胧明。

白首为功名。旧山松竹老，阻归程。欲将心事付瑶琴。

知音少，弦断有谁听。

这首词的上阕写的是：夜深人静的夜里，四处都是静悄悄的，只有田野里传来的小虫的鸣叫声。梦里我又回到了故园，是多么的快乐和欣喜啊。可是醒来后，才知道那只是一场梦，而窗外明朗的月亮正高高地挂在天空，倾泻出如水的月光。

下阕写的是：为实现收复中原的理想，我东征西讨，奋斗了那么久，连头发都熬白了，可是故乡的松竹盼我也盼老了，我回家的路却依然受阻。我心里有许多话想说，可是知音太少，没人能够真正地理解我的心情。虽然想弹支曲子排遣愁绪，可是即使将弦拨断了，又有谁能明了呢？

岳飞为抗金大业付出了许多心血，可是却不为高宗等人所接纳，北伐之路屡屡受阻，因此难免有曲高和寡、知音难求的感慨，这是一声多么沉重的叹息啊。

果不出岳飞所料，金国之所以与宋朝议和，只是为了麻痹南宋朝廷，好及时调整策略，选准时机，再大举进攻南宋，达到吞并宋国的目的。

绍兴九年（1139年）七月，由于兀术和挞懒在是让宋朝交还失地还是俯首称臣的问题上，发生了严重分歧，于是，兀术联合其他几个主张对宋作战的将领发动政变，将挞懒的得力干将处死，把挞懒贬为行台左丞相，剥夺了他的兵权。八月，又将他以"与南宋串谋交还割地"的罪名逮捕，押解到兀术大营处死。兀术升任都元帅，总揽金朝军政权。

绍兴十年（1140年）五月，兀术接到金熙宗的命令，要他率兵侵宋，"收复疆土"。这次兀术改变秋季发动攻势的军事常规，改为在炎热的夏季用兵，他以"大阅"为名，把各部兵力调集到祁州（今河北安图县）的元帅府。

随后金军兵分四路，大举南下。宋朝的东、西、南三京的官员或望风迎降，或弃城逃命，金兵很快占领了汴京、洛阳等地。接着，兀术亲自率大军攻打顺昌府（今安徽阜阳），结果遇到了刘锜（qiāng）的顽强抗击。

高宗和秦桧早就得到金朝将要废弃议和的可靠情报。绍兴九年三月，宋使王伦到达汴京，与兀术办理交割河南地

界的手续。兀术帐下有个王伦从前的属下，他顾念旧日恩情，悄悄地向王伦透露了兀术准备发动政变，杀挞懒等人的阴谋。王伦听了急忙写了一道秘密的奏折，将这危急的形势报告给了高宗，请求宋廷开始加紧防备，派张俊守在东京开封府，韩世忠守南京应天府，岳飞守西京河南府，吴玠守长安，并由张俊重开督都府，统领各路大将，以便在发生不测时容易调派。但是高宗和秦桧对此却不理不睬，命令王伦照旧出使金朝。绍兴九年六月，王伦渡过黄河，刚到达中山府，就被金朝扣压起来，没有丝毫行动的自由。

金朝贵族派宋朝副使蓝公佐回到宋朝，按照议和时的约定索取巨额的"岁币"，并且提出了宋朝必须用金朝年号等无礼要求，大肆对宋朝进行挑衅，为进一步发动战争做准备。形势已经发展到有一点火星就要引起熊熊战火的地步，可是高宗依然不紧不慢的，在众将领的一再要求下，还是不肯派大部队进驻河南。

韩世忠眼看着金朝发生政变，于是主张先发制人，乘虚掩击。高宗却照样对之不加理睬，还说韩世忠是一个村野武夫，不识大体，说什么如宋动兵，那金国又怎么会信任我们呢。就这样，高宗没有采取任何相应的措施，只是在坐等金国翻脸毁约。

等到金兵攻克洛阳等地时，宋高宗才如梦方醒。而秦桧其实早就醒悟了，却没有采取任何应急措施。他派在河南地区的那些地方官，在金兵入侵时，一个个吓得屁滚尿流，毫无抵抗的能力。

这样，在议和中高宗用非常屈辱的条件才换回来的河南各地，很快又落到金军手中，他心中的羞恼可想而知。

秦桧以前曾经表明，要以诚意来对待敌人，其实，投降派的所谓以诚对敌，只是用来掩盖其投降的真正面目罢了，按照惯例，在屈膝求和破产之后，作为议和派首领的秦桧应该自动请罪离职，但是，在这两年时间里，抗战派官员大都被贬黜了，秦桧悉心培植的党羽已经遍布朝廷，他的势力可以贯通朝廷上下，所以秦桧唯一担忧的就是高宗的态度了。为了保住相位，不再重复被罢免相职的历史，秦桧不断地派出亲信去探听高宗的意图。经过秦桧精密的筹划，御史中丞王次翁第一个向高宗进言："如果因为发生了一点小事，就更换宰相，那么新宰相未必就比原来的贤明，而且如果更换人员，那么其他官员也得不断更替，对于国家来说没什么好处，希望皇上能以此为戒，不要在这个时候让小人乘虚而入。"王次翁说这话的目的就是要高宗不要罢免秦桧，而高宗听得连连点头。有了一次承诺，秦桧依然放心不下，又派人进行试探，了解高宗在和战问题上是不是态度已经有所改变。这人就是皇帝的侍从官冯檝，他是秦桧的心腹。

一天，冯檝乘着皇帝身边没人，就问高宗："如今金人要进犯我国，我们必定要起兵抵挡，像张浚这样的大将，必定是要带兵上阵的吧！"

高宗听了，怒气冲冲地说："即使要亡国，我也不会采用这样的人。"秦桧听说后，知道高宗绝对不会用张浚这个很有声望的抗战派将领，就像吃了一颗定心丸。

这件事表明，高宗仍然没有坚决抗金的打算，妥协投降的政策还是没有改变。实际上，即使没有王次翁为秦桧做说

客，高宗也不会罢免秦桧的。因为两人都一心向着求和。在紧迫的形势下，他们反而会靠得更近，以便更好地压制抗战派的活动，更好地赢得全国的欢心。

这次金军南下，秦桧又向宋高宗献计：先发布一道圣旨，表白当初求和也是为了国家利益，现今金朝出尔反尔，便应以武力对抗，同时，命各路统兵大帅竭力尽忠。在金军大举进犯的危急情势下，尽管高宗等人骨子里依然想的是如何在全国的遮蔽下寻求一块地盘，但是面对这样的威胁，还是要作一番抵抗的。于是，南宋朝廷发布声讨檄文，以节度使的官衔，银五万两、绢五万匹、田一百顷、第宅一座，悬赏擒杀兀术；同时任命韩世忠、张俊和岳飞兼河南、河北诸路招讨使，摆出一副要收复失地的模样。

连败金军

在朝廷为再次北伐做准备的时候，北方人民的抗金斗争出现了新的高潮。虽然女真贵族进入中原已有十几年，但是贪欲依然在不断地膨胀，还是烧杀抢掠无恶不作。绍兴十年夏天，金元帅下了一道命令，命令那些积欠了公私债务而无力偿还的人，要以本人和妻子儿女的人身抵偿，这样一来，许多宋国人民就会因为还不起债务而沦为奴隶。于是，一切不愿做奴隶的人们，便纷纷举起义旗，反抗金人的暴政，后来金国又颁布新的法令，法令规定如果有哪家哪户敢隐藏逃亡者，那么户主就会被处死，家财由官府和告发者平均分

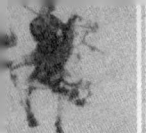

配，人口一半充当官府奴隶，一半给告发者当私人奴婢，甚至连周围的人家也得因此而罚钱三百贯。同时，挞懒还出动许多金军，四处进行搜索。搜捕队非常凶狠残暴，遇到村民，就进行拷打审问，即使没有什么，也要非逼问村民说出点什么来，如果村民不服，起来反抗，那么不是被捕就是被毒打致死。

在大街小巷中，村民的尸体经常横七竖八地堆积在地上。搜捕队还借此机会，大肆搜刮，见物抢物，见屋拆毁，金军每过一处，那个地方就如同遭了战火一般。在苛政、暴行、重赋、饥荒等交相煎逼下，人民无以为生，于是大批大批的人屠宰耕牛，焚烧房屋，高举义旗，纷纷加入抗击金兵的行列。由于宋朝投降派的出卖和金军的无情镇压，北方人民的抗金斗争日渐低落，自从岳飞克复襄汉，大力开展联结河朔的工作以后，北方人民的抗金斗争又走向了高潮。

其中太行山的义士们最为活跃，他们和岳飞有着非常密切的联系。在京东路，岳飞派遣的李宝，开辟了新的抗金游击战场。张青指挥一支抗金队伍，直达辽东。他打着宋军的旗号，攻破了苏州（今辽宁金县），当地人民纷纷起义响应，扩充了张青的队伍。

许多和岳飞没有直接联系的起义者，也树着"岳家军"的旗号，频繁地对敌作战。绍兴九年夏，一支"岳家军"进袭东平府。府官亲自带兵作战，双方相持数天后，这支队伍才停止进攻，然后乘船离开了。

淮阳也出现了一支"岳家军"，他们猛烈地围攻城垒，搭着梯子，踏上城头作战，城里的兵士几乎支撑不住了，后

来金军的援军到达后，才保住了这座城。

这些斗争，增强了北方人民抗金的信心，北方人民满心期待着岳飞的第四次北伐，期待着南宋朝廷派兵救民于水火之中。

还有一位杰出将领刘锜，他受命率军守御汴京，经过四十余天，他的部队抵达顺昌境内，金兵攻占汴京、洛阳、归德的消息传来，他便开进顺昌城，与顺昌知府陈规合兵防御，打击来犯之敌。

刘锜统率的是当年威震太行的八字军，全军拥有丰富的战斗经验，士气高昂。金军先头部队抵达顺昌城，刘锜率军出战，几次击退敌军。二十九日，三万金兵把顺昌城四面包围，刘锜大开城门，采取立体战术，城上城下、弓箭大刀一起使用，打得金军惊慌四散，死伤不计其数。

金兵用尽计谋，也无法拿下顺昌城。就连金兵引为自豪的铁甲骑兵"拐子马"，也被刘锜用计攻破。至此，金兵已对顺昌无可奈何。

当兀术亲率大军十余万赶到顺昌城时，见顺昌城还未攻下，十分不满，当即命令金兵准备对顺昌城发动总攻。

此时刘锜已接到秦桧的命令，让他急速撤退，但他没有理会，率领部队勇敢地抗击强敌。他不断地激励部下，要与金军决一死战。全军兵士在刘锜的感召下，斗志昂扬，准备与敌人大干一场。

当天晚上，他们趁着月黑风高，把离城三十里的砂窝驻守军——汉奸韩常率领的一支部队，彻底打垮了。这件事使金兀术大怒，他立刻派金将，率领三万人马来攻打顺昌城。

智勇双全的刘锜，充分发挥了他的指挥才能，将龙虎大王的三万金兵杀得尸横遍野，金兀术一看吃了大败仗，不敢再攻城，只好逃回汴京。顺昌一战，英勇的八字军以少胜多，创造了在平原地区大破金军的奇迹。

当时岳飞在鄂州驻军，看到金军一再地被刘锜打败，发现这些金兵事实上只是看似强大，实际上却不堪一击，这就更加增强了他的信心。他马上上书给高宗，将战况告诉了高宗，请求高宗让他带兵北伐，趁此机会把金兵赶出国土，好收复中原，高宗看了岳飞的报告，觉得岳飞说得不错，就同意了，并且进封岳飞为"少保"，并加援河南北诸县招讨史的官职，把岳飞的权力又扩大了不少。

金兀术在顺昌城战败后，率兵和龙虎大王疾速地退回开封府，在颍昌、淮宁、应天府三地派大军驻守，并且以这三府作为开封的前卫，开封作为这三府的后盾，以图决一死战，来个鱼死网破。

根据密探探到的情报，岳飞决定主力军的第一步战略目标，是扫荡开封的外围。

岳飞派张宪、姚政率兵抵达光州，往顺昌府快速前进，解了顺昌之围后，又指挥军队向西北方向进发。

岳家军英勇善战，不久就击破了敌军，将蔡州攻下了。

接着牛皋也带兵出战，很快地就击败了京西路的金军，牛皋率领的军队势如破竹，攻克了好几个地方后，又带兵返回，与岳飞的大部队汇合在一起。

在获得一系列的胜利之后，岳家军重新整顿了军队，发起了更加猛烈的攻势。岳飞最得力的部将、能征善战的张宪依然是第一个出兵。他指挥军队，在离颍昌府四十里的地方，同金朝的韩常军对阵。宋军士气高昂，将金兵杀得落花流水、溃不成军。

不久，宋军又占领了淮宁府城，并活捉了许多金兵，缴获了大批的战马和武器。这样，金军为保护开封府所设的三个战略据点，在很短的时间内，就被岳家军拔掉了两个。

而其他各路军队，也屡战屡胜，张宪带领军队收复了开封以南的地区，战果非常辉煌，而另一支岳家军在王贵的指挥下，攻取了开封以西的地区。中军副统制郝晟统领军马，直向西京而去，在离洛阳城60里外扎营。金朝河南知府李成手下有七千多"番人"，三千多食粮军，五千多匹战马。

宋军到后，李成率几千骑兵向宋军挑战。郝晟命令将官与李成的军队作战，给了敌人迎头痛击，并且乘胜追击，将敌兵逐赶到洛阳城下，郝晟在后面擂鼓助威，并率领全军一同追击，李成吓得肝胆俱裂，害怕得连夜弃城逃跑，城里的敌兵也纷纷举手投降。第二天，岳家军就顺利地光复了西京。

在不到半个月的短短的时间内，岳家军捷报频传，如一阵狂风般席卷了京西，兵临大河，胜利地完成了扫清开封外围的作战计划。这些都极大地鼓舞了南宋人民的斗志。

岳飞把这两次胜利及时向朝廷报捷。宋高宗虽然发布了一系列调兵命令，但并没有一战到底的决心，只想稍事抵抗便收兵求和。他对岳飞的战略部署感到忧虑，担心战局扩大，难以控制，便派出使者到岳飞的大营，指示岳飞帅府仍驻鄂州，以重兵防守，以轻兵进取，把他的军事行动限制在盛夏，入秋便进入全线防御，有重大举措必须首先奏报朝廷，获准后方可行动。同时还警告岳飞不要超越自己的作战范围。

充当使者的是司农卿李若虚。他曾长期在岳飞营中做谋士，两人的关系非常好。李若虚带着宋高宗的命令前往鄂州。他除了带着高宗的诏书，还带了高宗的口传密令。

李若虚赶到鄂州时，岳飞已经到达德安（今湖北安陆县）。李若虚又赶到德安，将宋高宗的命令交给岳飞。岳飞看到这个命令非常不满，当即向李若虚表示不能接受。李若虚又向他转达了宋高宗的口头密令："不可轻易动兵，随时班师。"

岳飞在感情上太难以接受这样的旨意了。他回想起几年来为策划北伐进行的精心准备，为了促进北伐，他不惜得罪权臣。如今既然有了支援刘锜的命令，就可以乘机出兵，直取汴京，收复故土，有可能的话，还要直逼燕京，彻底赶走金兵。想到这里，他决心不惜一切代价再一次抗拒宋高宗的命令，决不半途而废。只要能收复中原，死而无憾。

　　李若虚不愧是岳飞的知音，他也不赞成宋高宗的指令。他见岳飞如此坚决果断，便毅然站到岳飞的立场上，并且主动承担责任。他向岳飞表示，进兵的责任由他承担，若皇上追究，就说是他假传圣旨令岳飞进兵的。

　　当然，岳飞是不会把责任推给这位知心好友的。在这种时候，朋友的支持给他极大的信心，于是岳飞解除了后顾之忧，一心一意指挥北伐战役。

✸ 大破"拐子马" ✸

　　但是，随着光复地盘的日益扩大，岳家军的兵力也愈来愈分散，形成了孤军深入的形势。汴京已近在咫尺，岳家军的兵力却已不敷使用，因此岳飞急于缩小防区，集中兵力。事实上，在收复洛阳之后，岳家军已停止全面的推进，开始逐步向汴京附近集结。兀术看到有机可乘，不待岳家军集结完毕，便抢先发动了大规模的进攻。

　　金兀术退回汴京后已经过一个半月的休整，他又重建被刘锜打垮了的"拐子马"，还从幽燕一带调集新的骑兵部队"铁浮图"，实力由此大增。而在岳家军这方面，孤军的态势更加明显。当初受命援助刘锜的张俊部将王德在攻取了无重兵把守的宿州（今安徽宿县）、亳州（今安徽亳县）后，不久便班师回到庐州。驻守顺昌的刘锜虽有攻战之心，却无攻战之令。这样，岳家军就处在孤立无援的状态。金兀术发现张俊、刘锜无意参战，便把矛头指向岳家军。

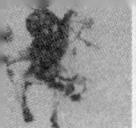

当时岳飞帅府驻地郾城的兵马不多，岳家军的主力由张宪率领驻守在颍昌。金兀术探听到此情后，便采取"擒贼先擒王"的策略，企图摧毁岳家军的指挥部，活捉岳飞。

绍兴十年（公元1140年）七月，金兀术率领着龙虎大王突合速、盖天大王赛里、昭武大将军韩常等将领，统领一万五千多骑精兵，披挂着鲜明的衣甲，从北方赶来，气势汹汹地奔向郾城县。当时岳飞手下只有非常少的一部分军队，与兀术的大军对比极其悬殊。显然，兀术早就得到郾城兵少的报告，才趁此机会，率领主力军进行突击，企图一举摧毁岳家军的核心队伍。

面对这样严峻的形势，岳飞知道，宋军面临的将会是一场前所未有的恶战，但是他坚信，自己的将士一定能够临危不惧，一定可以承受住严峻的考验。他仔细地在城里作了一番布置，然后神泰自若地在帐中指挥。

他首先命令岳云带兵出城迎战，岳云临出战前，岳飞严厉地告诫儿子说："这场战斗事关重大，你一定要获胜才能返回，否则将按军法处斩。"岳云接过令箭，坚定地回答了一声："是！"然后就迈着大步出营去了。

两军前线，岳云充当先锋，舞动着两杆铁锤枪，带军直冲向敌阵。双方展开了非常激烈的战斗。岳家军用那些在其他战场上缴来的战马，装备了一部分骑兵，因而能够与金兵装备精良的骑兵作势均力敌的较量。

金军的援兵源源不绝地涌过来。岳云的马军经过一个回合的战斗，打垮敌骑的一次冲锋后，又致使更多的敌骑进行第二次冲锋，开始两军第二个回合的战斗。

　　战斗进行得非常激烈，一时间，战场上尘土飞扬，杀声震天。这时，岳飞亲自率领40名骑兵冲到战场上。一个将领连忙将岳飞的战马拉住，说："相公是国家的重臣，保重啊。"

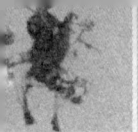

岳飞轻轻地用马鞭抽了一下他的手说："这你就不知道了，不用再说了。"

岳飞猛击一下战马，直冲往两军阵前，左右开弓，箭无虚发。将士们看到统帅亲自出马，士气倍增，纷纷使出最大的本事，奋力杀敌。这一场战斗，宋军大获全胜。

✹ 计破铁浮图 ✹

金军打一仗败一仗，杀一阵败一阵，令兀术大为沮丧。于是，金兀术不得不摊开手中的最后一张王牌——陆文龙。不到最后，金兀术是不会让他来参加战斗的。

陆文龙只有十六岁，长得浓眉大眼，非常英武。

他身材高大，臂力过人，武艺高强，是金兀术手下第一员少年虎将。

陆文龙到达番营后，金兀术看到威风凛凛、英气逼人的陆文龙，心里非常高兴。陆文龙凭着一身武艺，年轻气盛，他不解地问兀术："父王率领十多万大军，为什么不冲到临安去捉拿宋朝皇帝，而在这个地方耽搁呢？"

"皇儿啊，你把事情想得太简单了，宋军营里有很多能征善战的虎将，特别是岳飞的儿子岳云，更是厉害，他的一支铁枪挑了我们许多士兵呢！"

陆文龙听了非常不服气："父王，您为什么要长他人威风灭自己的志气呢？让我出战，将他捉回来。"

金兀术听了非常高兴，他对陆文龙好好地叮嘱了一番

后，就送陆文龙出营挑战去了。

陆文龙跨上一匹红马，提着枪，威风凛凛地跑到宋营跟前去挑战。

正在营前巡逻的汤怀，看到陆文龙一路冲了过来便上前拦住了他的去路。两人话不投机，于是就在营前交锋起来。别看陆文龙年纪轻轻，武功却非常高强，慢慢地，汤怀就抵挡不住了，到最后竟然被陆文龙一枪挑得翻身落马，从而结束了英勇的一生。

消息传到了宋营，岳飞禁不住热泪盈眶，汤怀和岳飞从小就是好朋友，两人并肩战斗了几十年，没想到今日却丧命于敌将手中。岳云等人也为"汤怀叔叔"的亡命感到万分难过，非要冲出去报仇不可。在岳元帅的授意之下，岳云等四员虎将将陆文龙团团围在中间，采取"车轮战术"。围在中间的陆文龙一人抵挡四员虎将，没有表现出丝毫的畏惧之情，反而将一杆铁枪挥舞得如一团银光，滴水不漏。陆文龙越战越勇，而天色渐渐地暗了下来。金兀术赶紧鸣金收兵。

陆文龙与四个岳家军将领奋战了一场后，对于这场战争的胜利，有了足够的信心，因此第二天又到宋营前叫阵，岳云等四人又上前与陆文龙厮杀，但是无法将单人独马的陆文龙打败。岳飞无奈，只好挂起免战牌。

营中的一名幕僚，名叫王佐，从前是农民军中的一员，投降岳帅后，因岳飞的仁慈，他得以担任官职，所以一直对岳飞心存感激。这次看到元帅为了一个陆文龙愁得茶饭不思，他心里也很着急。他在自己的帐子里冥思苦想了几天，终于想出了一个办法。他想起了春秋时代"要离断臂刺庆忌"的故事，打算也牺牲自己来试一试。

王佐将自己的右胳膊砍了下来，然后对岳飞说出了他要到金营去待机行动的计划。岳飞虽然不舍却已无法阻止他。

王佐通过计谋混进金营后，凭他编造出来的悲惨故事和一张巧嘴，很快地便赢得了金营兵将的喜爱和信任。因此他获得了随便出入军营的权利。于是，他想办法接近陆文龙，找到一个机会，他将陆文龙的身世，用讲故事的形式详细地讲给陆文龙听，这才使陆文龙明白，原来自己是在认杀父仇人为父，正在做着对故国不利的事情，王佐断臂的价值得到了回报。陆文龙遵照王佐的意见，暂时留在金营中，等待时机一齐返回宋营。

金兀术看到骑兵会战不能获胜，心中焦虑万分，于是下令把"铁拐子马"投入战斗中。

一天，岳飞派董先带五千人马与金兵作战，突然，听到一声炮响，紧接着，从金营里冲出几千人马来。

董先一看，这些人马的装束，都不太寻常，马身上披着一层厚厚的生驼皮甲，马脚都用铁钩铁链连锁在一起，每一组至少有三十四相连着的马。骑在马上的军士，身上也都穿着牛皮衣，脸上套着铁面罩，望过去只露着两只眼睛。这些金兵手里的武器，一排用长枪，一排用弓箭。

董先看到这批奇形怪状的金兵和马匹，并不把他们放在心上，只顾往前冲去，依然尽力厮杀。

但是只有普通装备的宋军和这样精良装备的马兵搏斗，当然要大大的吃亏，因此董先的五千人马，几乎全军覆灭。

消息传到宋营里，岳飞详细地问明了战斗情况后，恍然

大悟："原来他们是用拐子马来作战，那么我们就可以训练钩连枪来破他。"岳元帅对站在身旁的孟邦杰和张宪两位将领说："你们两个人，带三千人马去训练'钩连枪'，另派两个人也带三千人马去训练"藤牌手"。等训练好以后，包管金兵的拐子马变成一匹匹泥马！"然后岳帅又命岳云、严成方、罗延庆、何元庆四员将领，带领五千人马，绕到外围去接应。

这一次，兀术还是派那批拐子马出来应战。战不到几个回合，金将佯装战败，跑回营里去。等孟邦杰四个人追过去时，只听见番营里响起了一阵牛角和驼鼓的响声。

这是放出拐子马的信号，果然，一时间，三千拐子马就从四面八方团团围拢了过来。

训练藤牌阵的张立下令三军把藤牌竖起来，遮住金军射过来的硬箭，同时也挡住金军从马上刺过来的长枪。

孟邦杰和张宪带领另一支钩连枪部队，一齐使出钩连枪，拼命地去钩拉敌人的马脚。那三十只一排的连环拐子马，只要有几匹被钩倒，其余的也就纷纷往下倒。那些马被铁钩拉得东倒西跌，相互践踏，骑在马上的金兵也跟着摔下来，不是摔伤，就是被马踏死。这么一来，这看似无与伦比的拐子马，都滚在地下，如岳元帅所料，成了泥马了。

这时，在一旁接应的岳云等四位将领，带着几千人马，杀到了阵中，将那些金兵杀得抱头鼠窜。结果，金兀术自以为无人能敌的三千拐子马，一匹也没剩，统统都死在战场上了。

金兀术大受打击，心情非常沮丧。这时军师提醒他，还

有一样宝贝没有派上用场，那就是——铁浮图。

铁浮图也叫铁塔兵，是一种骑兵的名称，士兵头戴铁盔、身披重铠（kǎi），只露出两只眼睛，战马也披上铠甲，只有马腿部分露在外面。其装束比拐子马还要精良，威力也更大，而且互相串联，行动更方便。铁浮图就是形容重甲骑兵装束得像铁塔一样，坚不可摧。故有"常胜军"之称。这次兀术故伎重演，显然是企图一举歼灭岳家军。

这一日，两军在郾城附近又开始了较量，岳飞临机应变，等到金军的铁浮图攻来时，命令步兵手拿麻扎刀、提刀、钩连枪冲进阵中。钩连枪长一丈多，专门钩马蹄子，然后再用刀砍马腿。这样，"铁浮图"倒下之后，就再也起不来了。从午后战至黄昏，"铁浮图"纷纷倒地，金军不能支持，终于向北溃败，岳家军一鼓作气追杀十余里，金军横尸遍野，弃甲如山。

兀术逃到安全的地方才停了下来，看着所剩无几的人马，不禁号啕大哭，说："以往全靠铁浮图取胜，今天却全都完了！"

但是，兀术不甘心就这样失败，他又偷偷运来一批火炮，准备攻击岳家军。陆文龙听到第二天要用火炮攻打宋军的消息，便写了一封密信，悄悄地用箭射到宋营里。

岳飞发现敌阵中有一员主将身穿紫袍，内束软甲，以为就是金帅兀术，便亲点四十名骑兵出战。大喝一声："我一定要手刃此贼！"说完便飞马直取紫袍金将，一枪把他挑于马下。岳飞部下军士抢回紫袍金将的尸体，发现他身上有一个红漆木牌，上面写着名字，方知此将并不是兀术。

岳飞看到密信后，便命人把岳云叫来，面授机宜。然后，岳飞又叫军士，秘密通知各位部将，按计谋行事。当夜各营人马一起退往凤凰山暂住，并且把营寨照原来模样留下来，多树旗号，就像平时那样。半夜里，金兵把火炮对准宋营，点起火，大炮便轰隆隆地向着宋营打来，宋营顿时成了一片火海。兀术等人看着这熊熊火海，高兴得哈哈大笑。

这时，站在凤凰山上的岳飞不禁为火炮的威力感到害怕，也暗暗感激射箭投书的陆文龙和忠心耿耿的王佐。

等金兵都回营后，岳云按照岳飞的吩咐率领部将，绕到金军放置火炮的地方，赶散护卫的金兵，然后从身上掏出铁钉来，把那些火炮的火门全都钉死，然后将它们统统推到小商河里去。

第二天清晨，有士兵向兀术报告说陆文龙和王佐投奔宋军去了。兀术大为吃惊，出营一看，居然看到宋营前旗帜鲜明，人马往来如梭，根本看不出有什么损失。他这才明白，原来王佐串通了陆文龙，把金军的计划事先告诉了岳飞。更令他痛心的是，火炮被浸泡在水中，再也无法使用了。兀术的一场心血全白费了，气得他大病了一场。

兀术虽然连遭失败，但仍不死心。过了两天，兀术又派一支千余人组成的轻骑兵直取郾城，袭击岳飞的驻地。

岳飞闻讯后，亲自率军出城迎战。他先派将官王刚率五十名骑兵前去侦察诱敌。

没想到，半路与金兵相遇，双方摆开阵势。金兵见岳家军的人马不多，恐有埋伏，未敢贸然进击。双方正相持时，岳飞率大队人马赶到。

紫袍大将被杀死之后，金兵溃败。岳飞乘胜追击，突然前面出现金军主力。岳飞毫无惧色指挥部下，如风驰电掣般向金兵猛扑过去。金兵未料岳家军如此勇猛，顿时心生怯意，战不多时，随即溃退。岳家军奋勇追击，杀敌无数。岳家军又取得了郾城战役的第二次大捷。岳家军的巨大胜利震动了南宋朝廷。宋高宗在给岳家军的嘉奖令中是这样评价的：自从金人南侵以来，已经有十五年了，你的部队如同百万雄师。我还从来没见过一支孤军有这样巨大的力量。

✳ 杨再兴阵亡 ✳

郾城之战是空前的大捷，兀术虽然惨遭失败，但是却还想挣扎一番。他以大军插入郾城和颍昌之间，妄图切断岳飞和王贵两军的联系。

岳飞派杨再兴为第一队司令，率领五百人马开路，杀往朱仙镇去。

当时正是隆冬天气，杨再兴才出发几天，天上就下起了雪。渐渐地，杨再兴率领的这支人马，距离朱仙镇已经不远了，隐约可以看到敌人的踪迹。这时，士兵来报，说金兀术率领着一批人马，正迎面往小商桥开过来。

金兀术看到宋军只有屈指可数的几百人马时，不禁放了心。没想到他接连派出作战的三员虎将，都被杨再兴挑落到马下，有许多金兵吓得赶紧四散逃命。

金兀术本以为很轻易地就可以击败这支小小的宋军队

伍，没想到几员主将的性命在瞬间便断送了，他想再压住阵脚已经是不可能的了，面对宋军的追杀，他也只好慌忙逃命了。

杨再兴带领军兵往兀术的方向追去，为了早点抓住兀术，他就转了个弯，抄近路追去。

这时，雪越下越大，四周是一片白茫茫的世界。放眼望去，前面已经什么都分不清了。杨再兴只顾放马疾追，根本没想到脚底下竟然会是一道陷阱。小商河的河水很浅，河底满是淤泥和水草。

杨再兴一踏上河面，坐骑就越陷越深，越挣扎就越动弹不了。他这才明白，原来脚底下是一条河。

金兵很快地就发现了陷在泥坑里的杨再兴。他们围拢过来，纷纷拉弓搭箭，一齐往杨再兴身上射箭。

雨点般的箭，射在河中央的杨再兴身上，顷刻间，杨再兴浑身都插满了箭。一名虎将就这么葬送了性命。

不久，岳飞率领军队也赶到了小商河。当他听到杨再兴壮烈牺牲于小商河的消息时，不禁失声痛哭起来。

岳云把杨再兴的尸体运回营中，发现他身上插得满满的都是箭，便忍着泪，亲自动手将他身上的箭头一一拔掉，然后在小商河边选了一处高地，将杨再兴亲手埋葬了。

神武岳家军

岳飞此次北伐，虽然没有得到其他战区官军的配合，但却得到了太行山一带抗金义军的策应。受岳飞派遣潜回河

北的梁兴此时也攻克绛州垣曲县（今属山西），杀死金兵无数，缴获战马百余匹，活捉敌千户长刘朱孙等十余人。

梁兴又以垣曲县为基地，会合董荣、李进、赵云等向东挺进，在孟州（今河南孟县）一带与万余名金兵血战一夜，活捉金兵将士百余人、战马两百余匹。其后又相继攻克翼城（今属山西）、赵城县（今山西洪洞县北）、怀州（今河南沁阳县）、卫州（今河南汲县），在大名府附近还截获金朝的金帛纲、马纲等；李宝的山东义士在曹州（今山东曹县）境内袭击金军，在济州（今山东定陶县）截获金兵的军需物资等；而在攻克永安军（今河南巩县南）时，义军连连出击，破坏了金兵的给养运输，牵制了金兵的兵力，对北征起到很好的策应作用。

金兀术两次袭击岳飞指挥中心失败之后，将部队移往临安方向，这回他改变了策略，要集中兵力攻取颍昌，以打破岳飞围攻汴京的计划。杨再兴在临安与郾城交界地区发生的遭遇战实际上是兀术的诱兵之计，以便把张宪的兵马从颍昌吸引过来，然后乘机进攻颍昌。兀术亲临前线，调集金兵铁骑三万余人，步兵十余万人，金兵名将镇国大王、昭武大将军韩常和金将四位万户长都参加了这次进攻。

驻守颍昌的岳家军由王贵率领，他知道这又是一场以少敌多的战役。王贵亲率姚政、岳云等将领，以中军、游奕军和背嵬军为主力出城决战，分派董先率领踏白军、副统制胡清率领先锋军坚守城池，任命二十二岁的虎将岳云担任先锋。

战斗打响后，岳云率领八百名骑兵首先冲向敌阵。他先后十余次冲入敌阵，身负创伤百余处仍不肯下战场。双方混战多时，还是不能分出胜负。眼看金兵越聚越多，身经百战的王贵感到情况危急，打算将大军撤回城内固守等待援军。此时岳云斗志正盛，他劝阻了王贵，坚决不后撤。双方继续激战。岳家军面对数倍于己的金兵，毫无惧色，个个以一当十，在绵延十余里的战场上，岳家军人成了血人，马成了血马，一直激战到正午时分，双方仍然相持不下。突然，董先率守城部队冲了上来，这支以逸待劳的生力军一出现在战场上，立即改变了战局，他们就如同猛虎冲入羊群，金军惊慌失措。岳家军士气大振，王贵与董先合兵一处，终于把金兵阵容打乱，金兵全军溃退。岳家军乘胜追击，重创金兵。

这次战役战果辉煌，岳家军共杀死金兵五千多人，俘获金兵两千多人，缴获战马三千多匹，军需物资不计其数。金吾卫上将军、万户长、兀术的女婿夏某阵亡，千户长以下二十八名战将被俘。岳家军大获全胜。

经过郾城和颍昌两次战役后，兀术已经丧失了大举反击的能力，率兵逃回汴京。郾城、颍昌之役是绍兴元年以来宋金正规军全面较量的五大战役中的两个，金帅兀术都以失败而告终。金军这回才真正领教了岳家军的战斗力，以致发出这样的哀叹："撼山易，撼岳家军难！"

第八章

千古绝唱

◆ 十二道金牌
◆ 兵权被解
◆ 风波亭绝唱
◆ 公道在人心

✳ 十二道金牌 ✳

岳家军休整三天之后，岳飞将张宪和王贵率领的两支主力合兵一处，向汴京进发。

七月十八日，驻守临颍的张宪首先率领几路人马向汴京外围进军，途中遇到金朝骑兵六千余人阻击，双方展开激战，金兵大败，溃不成军。

王贵由颍昌出发，以五十四岁的老将牛皋为先锋，在进军途中也多次打败金军。两支岳家军在朱仙镇外围会合。

岳家军兵临朱仙镇，给汴京金军造成极大的恐慌，一些金将纷纷逃跑，有的干脆就投降了，军心彻底涣散。连一向以骁勇著称的金朝大将韩常也暗中向岳飞投书，表示归降之意。驻守朱仙镇的金兵毫无斗志。

当岳家军的前哨五百余骑兵抵达朱仙镇城外时，刚一交锋，金兵就四散奔逃。朱仙镇之战还没开始，胜败的趋势已经很明朗了。兀术最后只剩下一条路，即放弃汴京，渡河向北逃跑，他已经完全失去了对战争的信心。

十二年前，岳飞被迫随杜充撤离旧京的情景，还记忆犹新，如今洗除耻辱的时刻终于来临；十三年前，宗泽临终时"过河"的呼声，还萦绕在岳飞耳际，如今慰藉老帅英灵的时刻也终于来临。汴京高大的城垣，宏丽的建筑，纵横交错的街市，对于岳飞和岳家军来说，已非可望而不可即的了。

岳家军在北伐中连连获胜，高宗犹如吃了一颗定心丸，但是当岳飞加快了北伐的步伐，长驱中原之时，高宗和秦桧

就惶惶不可终日起来。

岳飞长驱北伐是在违背君意的情况下进行的。宋高宗对待北伐的态度是不想大败，也不想全胜，之所以让岳飞北进，只是想取得一点胜利，好在和谈中增加一点砝码。

岳飞移军郾城，接连取得的两次大捷虽出乎高宗的期望，但战斗的胜利也增加了高宗的安全感，更为策划中的和谈增加了砝码，因此宋高宗还是能容忍并予以赞扬的。他希望岳飞不要扩大事态，尽早班师。

尽管岳飞一再真心诚意地表示，北伐成功后就会解甲归田，到庐山为母亲守丧。但高宗总是放心不下，以前岳飞自动解职和奏请高宗设立太子两件事，高宗一直心怀不满，他担心岳飞恃功而骄，会起来谋反。他更担心战争扩大，引来金国的全力进攻。一旦战争失败了，他就有可能沦为金军的阶下囚，连个金国"臣子"的地位都保不住。因此他在诏书中一再地叮咛岳飞，要尽量避免与兀术大军决战，借口就是要保卫全军的安全，保住原有的地盘。

秦桧自从被金军派回宋朝，他的奸细身份决定了他和抗金事业势不两立，而且还要千方百计地破坏抗金大业。但由于前方各战场捷报频传。秦桧害怕他的金军"上司"要怪罪他，因此一直想着怎样停战言和。但是，凭着他三省和枢密院的省札发号施令，岳飞、韩世忠等功高权重的统帅，不见得会理睬和听从。

按照朝廷惯例，只有皇帝的亲笔手诏，才对大帅们具有约束力，而皇帝的手诏一般是在和宰执大臣商议后，由宰执大臣来起草的。

七月上旬，宋、金双方在东线和西线战场处于胶着状态，彼此都没有太大的进展。这时，在中线作战的张俊已经率兵撤退，只有岳家军仍坚持作战，长驱猛进，攻势非常猛烈。秦桧感到这是一个非常好的时机，可以逼迫岳飞退兵，于是便急忙向高宗提出让岳飞班师的建议，理由是岳飞孤军作战，再作抗击就会招致全军覆灭。除此以外，秦桧还唆使殿中侍御史罗汝楫上奏，围绕着班师回朝劝说高宗，说："岳家军兵员少，将士也不多，打了这么长时间的仗，人民疲惫，国家也贫乏了，供给跟不上，如果岳飞再接着挥军北上，那就极其危险了，愿皇上下一道诏书，令岳飞及时班师回朝。"

此时班师，一来不会大败，二来也不会大胜，正合高宗长久以来的想法。于是，毫无主见的高宗在郾城大战期间，发出了第一道班师诏。秦桧等人心里乐开了花，只等着向金军邀功。

岳飞在郾城大战前夕，曾将兵力匮乏的实际情况上报朝廷，希望朝廷下命令，让各路军马汇聚到郾城，共同打击敌人。但是，奏章一去十几天，朝廷并没有支援一兵一马，岳家军盼啊盼，拼着命全力抵抗，好不容易熬过了郾城和颍昌两场苦战，谁知盼来的却是一道班师诏。

岳飞大为诧异，他感到这道"措置班师"的诏命分量非常重，它意味着朝廷不可能派其他各路军北进协同作战，并有切断供养、重演长驱洛伊时因粮草不到而导致士兵饿死的悲剧。战争形势的变化，已不再像北伐初期那时各路军互相配合那样声势浩大，令敌人难以抵挡了。孤军深入，势单力

薄。而如果一旦班师，那么这十几年来的浴血奋战的成果，将会完全失去，而一旦失去这样一个一统中原的大好时机，再谈什么中兴大计，就将永远难以成功了。极端愤慨的岳飞，不愿就这样轻易舍弃即将到手的胜利果实，他没有下令终止向汴京的进军，而是写了一封言词非常激烈的奏章，反对"措置班师"，并请求增派援兵。

岳飞抗旨不行，令高宗又惊又惧。这使他想起在北伐刚开始时，他派李若虚去向岳飞传达"班师"的口诏时，岳飞依然像这次一样拒旨不受。这令他又心生怕意。于是，他决计不再顾及北伐之事，一定要叫岳飞班师回朝，以除后患。

绍兴十年（1140年）七月十八日，朱仙镇外围战刚刚开始，宋高宗的第二道班师令又传到了。岳飞急忙向朝廷奏报敌军军心涣散、我军斗志旺盛、朱仙镇之战一定会胜利的情况。但是，奏疏刚刚送出，尚未到达临安，高宗的班师令就又一个接着一个地来到。而岳飞却在一天之内，接连收到十二道金牌。这十二道诏旨全是措辞严峻、不容改变的急令：大军班师，岳飞本人去临安朝见皇帝。

原来，秦桧担心岳飞一意孤行，不听命令，就在七月十日这一天签发了十二道班师令。为了加快传递速度，采用金牌传送，金牌上刻着"御前文字，不得入铺"，即以快马接力传送，中途不得停歇。

这一天，十二道撤军的金牌令接连送达岳飞的帐内。这十二道令文全是措辞严厉、不容改变的急令。

岳飞悲愤之极，面对苍天高呼："十年心血取得的成功，一天就全部被毁了！"他不得不忍痛下令撤军。

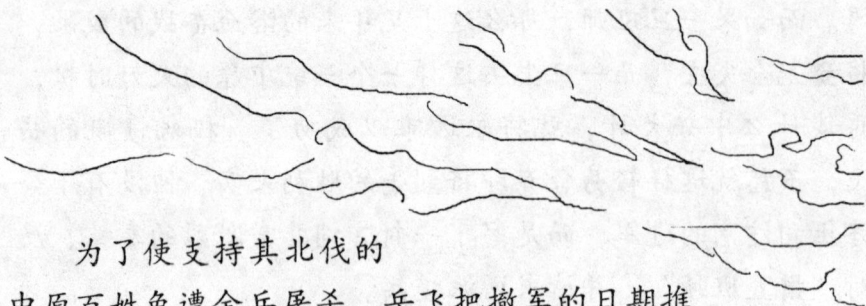

为了使支持其北伐的
中原百姓免遭金兵屠杀，岳飞把撤军的日期推
迟了五天，以掩护中原百姓向襄阳转移。七月二十七日，
岳家军在一片哀叹声中回到了鄂州。河南、京师的老百姓，
听说岳飞要退兵，都大失所望。他们拦住岳家军的马头，紧
紧地拉住岳家军将士的衣袖，苦苦挽留。许多百姓失声痛哭
说："岳元帅啊，有你们在这儿，我们就像有了坚实的依
靠，可是你们一走，我们又要遭受
残忍的金兵的凌辱了。你们
千万不能走啊！"老百姓们
哭声震天，岳飞心如刀绞，

和老百姓相对挥泪。岳飞只好拿出高宗颁布的金牌令，给老百姓看，说："并不是我岳飞要走，实在是形势所逼啊！"在撤军途中，岳飞住在一座荒村野寺。夜里，岳飞和部将们相对而坐，突然，岳飞张口发问，说："天下大事，如今是怎样的一种情形？"

他的部下张宪回答："一切都由相公决定。"但是，无奈的岳飞只能按旨班师，张宪的劝勉并没能使他改变主意。

岳家军撤到蔡州时，有成百上千的人拥到衙门前，其中有百姓，有僧道，也有学生，他们问岳飞为何要撤退，岳飞只能再次拿出金牌令给众人看，大家都号啕大哭起来。

百姓看挽留不住，只有跟岳家军走。以往备受金军杀掠之苦的蔡州人民，和岳家军一道南下了。岳飞把他们安置在辖区内的襄汉六郡。与此同时，岳飞派部将李山、安贵，接回河北的梁兴、陈州守将赵策渊等处理善后工作，然后派遣王贵、张宪留守襄阳、鄂州，自领二千亲兵，默默地上临安朝见高宗去了。

岳家军的撤退，使收复的失地再次丧失。孔彦舟轻易地就攻取了郑州、登封、汝州、淮宁、颍昌、郾城等地；韩世忠、杨沂中等部也支撑不住，相继撤回原防区；河北的义军也被置于重重围困之中，张贵领导的泰安忠义民兵和王忠植领导的陕西忠义民兵先后被金军消灭；李宝、梁兴、赵云等著名义军首领也难以继续坚持，在袭击几次金兵之后，不得不冲出金朝统治区，回到江淮宋军大营。

岳飞在往临安的途中走了大半路程，才接到高宋的一道手诏。允许他暂留京西，但必须与杨沂中、刘锜两部共同进退。稍后，高宗又发来一道手诏，他得知岳飞班师的消息，害怕留在前线的韩世忠西部失利，命岳飞暂缓班师，只是为了牵制岳飞。岳飞明白了高宗是绝对不愿看到自己北伐成功的。他单独完成北伐的希望彻底毁灭了。抵达临安后，他不再有任何的表示，只是竭力地请求解除军务，并恳求辞去少保的虚衔。虽然高宗和岳飞的裂痕越来越大，但是高宗怕会再有战事发生，因此还不敢轻易地削夺岳飞的兵权。

整个北伐战争以岳家军不败而败、金帅兀术不胜而胜结束。因此兀术又趾高气扬起来，绍兴十一年（公元1141年）正月，兀术又以重兵向南进犯，锋芒直指淮西。

在淮西战场上，宋军有韩世忠、张俊、杨沂中、刘锜等十余万人马，兵力略多于金兵。宋高宗还是觉得调来岳家军才感到放心。于是传令岳飞火速援淮。

当岳飞接到宋高宗让他援淮的命令后，曾想过一个围魏救赵的方案，即乘金兵主力在淮西而后方空虚之机，岳家军直捣中原，强迫金兵撤退。但是，岳飞估计宋高宗不会同意这个方案，便迅速地挥师向东，救援淮西。

在岳飞进军期间，杨沂中、刘锜、王德等部在没有张俊统一指挥的情况下，十万大军兵分三路在无为军治所巢县县城北的拓皋镇打败金兵，迫使金兵退出庐州。

张俊因为惧怕金军而未敢亲临战场，但当他得到拓皋镇大捷的消息后，以为可以把功劳据为己有，可又担心再战下去，万一战败，反而有罪，于是急令刘锜撤军。行进中的岳飞也接到张俊的公文，说敌军已退，前方缺粮，不能供给岳飞军粮，让他回到原驻地。可是，二十多天之后，金兀术又大举来犯，以报前仇。毫无准备的张俊、杨沂中等部六万人

全军覆没。岳飞闻讯后，再次出兵淮西，金兵听到消息又向北撤退了。这次战役后，岳飞对朝廷的部署非常不满，说了一句牢骚话。张俊听说后，指责岳飞攻击宋高宗，又把战败的责任归结为岳飞援淮不力。此时，对岳飞来说，已经隐伏着杀机了。

兵权被解

秦桧破坏了北伐战争还不满足，还要进一步瓦解南宋的武装力量。他抓住宋高宗担心武将兵权压主的心理，建议削夺在外大帅的兵权。他认为张俊可以被自己利用，便与张俊串通一气，一唱一和，演出一场削除韩、岳兵权的闹剧。他向宋高宗进言："现在各路军马只知有将军，不知有皇上，韩家军、岳家军的名称就是证明，如不及早采取措施，恐怕会有祸患。"在征得高宗的同意后，他以三省枢密院的名义召韩世忠、张俊、岳飞到临安朝见皇上。

害怕大将久握重兵，难以约制，这是高宗等人始终引以为患的。将大将的兵权罢免，高宗已经谋划三年多了，但因为战事频繁，高宗一直未能如愿。

尽管宋金战争并没有结束，但高宗通过各种途径，知道金军有议和的意图，于是就开始着手这件事情。

一天，高宗一面在西湖设宴款待岳飞、韩世忠和张俊三名大帅，一面连夜起草制词，任韩世忠和张俊为枢密使，岳飞为枢密副使，明升暗降，留朝任职。

宋朝历史上的第二次"杯酒释兵权"又发生了。

岳飞早已经提出过辞呈，但是，他没有料到朝廷竟然会采取这样的措施，于是，他请求朝廷将自己带来的亲兵遣回鄂州，只留下少量人马，高宗立刻答应了。

张俊暗地里和秦桧早有约定，等罢免了众将的兵权后，再由张俊掌兵权，所以他是最先交出所管辖的军马的。

淮东、淮西、京湖三宣抚司紧接着撤销了。此后，直接听候三省枢密院取旨调发。

王贵接替岳飞，担任鄂州驻扎御前诸军都统制，张宪任副都统制，负责指挥岳家军。宋廷对他们不放心，特别任命秦桧的党羽林大声担任总领，进行监视。

刘锜也被罢免了军职，出任荆南知府，岳飞爱惜他是个人才，奏请留他掌兵，高宗也拒绝了。

高宗在给三大帅的制诏中，说尽了许多冠冕堂皇的好话，但是，一场更为狠毒的政治阴谋，却正在加紧筹划当中。

从此，南宋的兵权就掌握在秦桧和张俊的手中，他们继续策划阴谋，谋害岳飞，瓦解岳家军。

当初金军被岳家军打得狼狈不堪，兀术就把岳飞视为心腹大患，他深切地感觉到只有除掉岳飞，吞并大宋的目的才能实现。当岳飞率部安全撤回鄂州后，兀术便给秦桧写信，让秦桧想方设法除掉岳飞。在信中金兀术狠毒地说："必须除掉岳飞，才有议和的希望。"

秦桧接到兀术的指令后，便不遗余力地贯彻执行。他计划先借岳飞之手除掉韩世忠，然后再处死岳飞。他知道，韩

世忠与岳飞之间也有摩擦，韩世忠对岳飞年纪轻轻就登上大帅的宝座，并且有凌驾于自己之上的势头心存不满，且时有流露。秦桧估计岳飞对韩世忠也会怀恨在心，于是便设一个圈套引诱岳飞对韩世忠进行报复。

绍兴十一年（1141年）五月中旬，也就是在韩、岳解除兵权之后半月内，秦桧便与宋高宗一起策划瓦解韩世忠旧部的计划。密谋之后，宋高宗派张俊和岳飞二位枢密院长官前往淮东，任务是安排战守的工作。派张俊去淮东的行动本身就是要剥夺韩世忠的兵权。为了瓦解韩世忠的旧部，秦桧又策划了一个阴谋，他密令胡纺诬告韩世忠的亲信大将耿著，说耿著曾散布流言："张俊、岳飞这次来淮东，目的是肢解韩家军。"企图蛊惑韩部众将，图谋叛变。秦桧接到诬告后，立即下令逮捕耿著，用酷刑逼供，给韩世忠罗织罪名。

岳飞离开临安前，秦桧装作非常关心的样子对岳飞说："韩家军现在正发生叛乱，你应该做好准备。"

岳飞对秦桧的话嗤之以鼻，但是他预感到秦桧的话隐含着杀机：要杀掉韩家军的一批战将。因此，岳飞对朝廷中传扬的耿著案件也发生了怀疑。他到淮东之后，立即展开调查，终于查出这是一桩诬告案，便致书韩世忠，详述耿著的冤情。韩世忠立即面见宋高宗，他以救过驾的资深老将的资格逼迫宋高宗制止秦桧的阴谋。高宗无奈，免除了耿著的死罪，秦桧谋害韩世忠的阴谋失败了。

秦桧想利用岳飞陷害韩世忠的阴谋没有得逞，便开始分解他的军队。张俊主张把韩世忠的部队完全分解，遭到岳飞的反对。岳飞对张俊说："现在能守卫疆土的大帅已经不多，万一金兵再次南犯，圣上还会让韩世忠重新统率这支军队。到那时，我们有何面目见韩将军？"张俊自然对岳飞十分不满。接着，张俊和岳飞开始点验韩家军兵马，经过核实才知道，韩家军实际只有三万人。

岳飞没能阻止秦桧的阴谋，心情十分苦闷，回到临安后便申请辞职。宋高宗本意是想批准他辞职，但考虑到刚刚同韩世忠发生了冲突，如果又让岳飞辞职，难免引起朝野内外不安，便拒绝了岳飞的要求，但允许他从此之后不再过问朝廷的军事。想让岳飞不关心国家大事，那是办不到的。

八月初，南宋向金朝求和的活动又开始了，岳飞压抑不住内心的愤怒，上书高宗，坚决反对议和。

岳飞仍然是宋高宗和秦桧屈辱求和活动的绊脚石。秦桧决定加快迫害岳飞的步伐。他指使亲信谏议大夫万俟（sì）卨（xiè）、御史中丞何铸、殿中侍御史罗汝楫以言官和监察官的身份弹劾岳飞。

万俟卨等人对秦桧百依百顺，决定向皇上上奏本，列举岳飞的罪行，请求皇上对岳飞进行严厉的制裁。但岳飞一生忠君爱国，根本没有什么把柄可抓。然而，欲加之罪，何患无辞，经过他们几天几夜的密谋，给岳飞捏造了三条罪名：一、岳飞自从到枢密院任职以来，一直对朝廷不满，打算离开朝廷过安逸生活；二、在援救淮西军事行动中，拒不接受命令前往；三、到淮东安排战守工作时，主张放弃楚州。

三项当中，前两项纯属无中生有，第三项是曲解岳飞的意见。在淮东视察时，张俊主张重修楚州城，而岳飞不赞成。他认为，不谈整军北伐，却将注意力放在守城上，会给

当地官兵留下一个不思进取的形象。

宋高宗看了给岳飞编造的罪名后，不问青红皂白，就将岳飞撤了职。被解职后的岳飞带着岳云一起回到了江州。

岳飞被罢官之后，宋金双方再次进行和谈。绍兴十一年八月，金兀术将扣押在金营中的南宋使者放回，让他们向宋高宗和秦桧传达一封书信：在南宋朝廷内部仍有人阻止和议，如果这种情况继续下去，我们还将发兵南下，希望南宋朝廷思考该怎样做才最好。

这封书信实际上是威逼宋高宗加紧镇压抗战派官员。宋高宗见到这封书信后十分惊恐，立即派光州观察使刘光远、成州团练使曹勋带着自己的亲笔信到兀术大营中哀求。兀术见信后，态度十分蛮横，指责赵构没有诚意，而且使臣职位太低，对金国不够尊重。高宗接到信后，又派吏部侍郎魏良臣等再次出使兀术大营，让魏良臣等口头说明让步的内容：以淮河为界划分两国疆土，淮河以北属金朝；宋国每年向金朝纳贡白银二十五万两，绢帛二十五万匹。如果有什么不妥的地方，一切听从兀术决定。

兀术对以淮河为界是满意的，但他仍然趾高气扬地反对以淮水为界，其实不过是故作姿态而已。经魏良臣苦苦哀求，兀术终于答应了赵构的要求，派昭武大将军萧毅等出使南宋，带去兀术信函一件，内容就是不杀岳飞，和谈无望。

赵构见信后十分满意，以君臣之礼写了回信，表示严格按照议和的内容办事。虽然双方以书信的形式确定了议和条件，但正式的和谈协议书尚未签订，为了早日迎接签约之日的到来，宋高宗赵构和权臣秦桧开始了迫害岳飞的行动。

风波亭绝唱

秦桧对岳飞的迫害首先从岳飞的得力助手张宪开始。岳飞离开岳家军以后，秦桧任命王贵担任都统制，把岳飞最信任的张宪任命为副都统制，又派心腹林大声担任监军。

将王贵排在张宪之前，秦桧是用了很大心计的。因为岳飞曾对违纪的王贵进行过两次严厉的处罚，一次是颍昌战役中，王贵一度怯战，岳飞要将他斩首示众，由于众将求情而免。第二次是王贵治军不严，他的部卒乘民居失火时窃取财物，岳飞发觉后，将违纪士卒处死，并按治军不严罪责打王贵一百军棍。秦桧认为这样安排可以扩大岳家军的内部矛盾。

秦桧陷害张宪所采取的第一个措施是收买王贵。他指令张俊对王贵进行策反。张俊把王贵叫到他的驻地试图进行说服，他首先提起王贵受岳飞处罚的两件事，想勾起王贵对岳飞的仇恨。但王贵却十分坦然地说：“岳元帅身为大将，治军赏罚严明，违反军纪受处罚是完全正确的。”王贵并没有上钩。张俊又使出第二招，他事先调查过，王贵家里曾发生过见不得人的丑事，便用此事来威胁，扬言如不服从就将他家的丑事传扬出去。王贵被逼无奈，不得不向张俊屈服。

制服了王贵，迫害张宪的阴谋就开始了。在岳家军中充当监军的林大声收买了张宪手下的一个叫王俊的下级军官，指令他诬告张宪谋反。谋反的内容是企图请岳飞重返鄂州并主持军务，万一请不回来，张宪就率岳家军移驻襄阳与朝廷

相抗。岳家军内如有人不服从便一律斩杀。朝廷若派兵到襄阳征讨，张宪便投靠金人，借金人兵马杀退朝廷军队。一切都设计好之后，张俊就命王贵把诬告张宪的状纸呈上。王贵明明知道这是诬陷，但因自己的把柄抓在张俊手里，对张俊的命令不得不服从，不得已只好把状子交给林大声。林大声立即以最快的速度送到镇江府张俊手中。王贵这样做，实际上是出卖了共同战斗十几年的战友。

接到状纸后，张俊立即将张宪逮捕，然后迫不及待地进行审讯。按程序，开审之前，先由小吏进行开庭前的准备，由于枢密院开庭不合规矩，随军令吏刘仁兴、书吏严帅孟拒绝进行准备。

张俊无法，便下令他的亲信王应求进行非法准备。张俊亲自主审，想让张宪招认受岳飞指使意图谋反的罪行。

张宪痛骂张俊无耻，拒不承认谋反的罪名。张俊恼羞成怒，用酷刑威逼，把张宪打得血肉模糊，死去活来。但张宪仍然不肯屈服。

岳飞罢官后，不愿意继续留在临安，于是便告假回到江州的私邸暂住。当岳飞得知张宪被诬告，张俊逼供张宪承认受自己指使进行谋反的消息时，仍处之泰然，他知道张宪不会诬陷自己。自己从未做过反叛朝廷的事，问心无愧。况且像他这样的高级将领，没有皇帝的亲自过问，别人是不敢擅自处理的。他等待着面见宋高宗进行申辩。

长年在外作战的岳飞，终于可以乘此机会好好地享受天伦之乐了。岳云等兄妹都成立家室。三十九岁的岳飞正当盛年，已成为抱儿弄孙的祖父。

　　初冬十日，庐山天气已经非常寒冷。一天，岳飞正在室内练字，忽听仆人报"杨殿帅"来了。杨殿帅，即殿前都指挥使杨沂中，是禁卫军的长官，高宗的亲信。他为什么要到庐山来？岳飞大惑不解。

　　杨沂中进屋后就亲热地招呼起岳飞来。

　　岳飞见到杨沂中后，稍稍寒暄了几句，就开门见山地问道："你到这来有什么事吗？"

　　杨沂中支吾着说不上话来，最后还是把秦桧亲手交给他的"堂牒"递了过去。

　　岳飞看着"堂牒"，陷入了沉思中。这时，丫环捧出托盘，向杨沂中献上了一杯酒。杨沂中产生了怀疑，这是毒酒，还是美酒？难道岳飞看出了自己来传堂牒的不良企图？最后，杨沂中还是强作镇定地将酒喝干了。

　　这下，岳飞便相信了杨沂中此行并无恶意，不禁对他放松了防备。但长子岳云担心父亲安危，坚持要一同前往。

　　杨沂中趁机将朝廷召岳飞赴阙的事胡扯了一通。

　　岳飞便整理行装上路了。岳飞深知此行吉凶难以预测，他对秦桧的奸险已有充分的认识，但是对高宗的居心叵测却没有警惕。何况他自恃言行坦荡磊落，没有什么可落人把柄的。因此心里虽然有些不安，但却无所畏惧。

　　岳飞二人乘轿一进临安，杨沂中便乘机会偷偷地溜回家去了，而抬着岳飞的轿子却继续朝前去了。

　　岳飞下轿后，立刻明白上当了，此刻他不是在朝堂，而是在大理寺。他气愤地大喊一声："为何要把我带到这来？"可是没有人回答。岳飞正在焦躁地徘徊，突然闯进来

几个恶狠狠的狱吏，他们瞪着眼睛对岳飞说："这里不是相公坐的地方。御史中丞等着你去对证一件大案，快到后厅去。"

岳飞愤怒地说："我为国家卖命，不惜性命，为什么要到这种地方来！"狱吏不由分说地催促他到了一处厅堂，只见张宪和岳云，官服已被剥去，戴着沉重枷锁，露着身子，打着赤脚，浑身都淌着血，场景令人惨不忍睹。

岳飞简直无法相信自己的眼睛，心如刀绞，满腔悲愤。

这时，一个狱吏用杖子击地，向着岳飞大吼一声。

岳飞这才明白，原来自己已不再是十万雄师的统帅，而是阶下的囚犯。岳飞不禁仰天长叹："我为国家如此效力，却被送到这里受审，这究竟是为什么？"

来到大理寺后堂，走到一个拐弯处，岳飞看见张宪戴着枷锁，赤脚露背，满身血污，遍体鳞伤，目不忍睹，心中悲愤至极。他抑制不住自己的悲愤，大声呼叫着，情绪异常的激动。

曾带领十万雄师力挫金兵的军事统帅居然成为他日夜忠心捍卫的南宋王朝的阶下囚，他怎么能够理解呢？

岳飞一案最初由御史中丞何铸和大理寺卿周三畏主持。岳飞进到大堂，张宪和岳云的惨状还历历在目，面对这严酷的事实，岳飞迅速冷静下来，认真地听取何铸、周三畏的讯词，又有理有据地一条一条地驳斥王贵的诬告。审判官最后都无言以对。

当何铸要他交代"谋反的罪行"时，岳飞一气之下撕开衣裳，袒露出征战沙场的遍体伤疤和背部深入肤理的"精忠报国"四个大字，何铸顿感震惊。他曾经接受秦桧的指使弹劾岳飞，但是他良心未泯，在接受这个案件时，曾仔细地审阅卷宗，觉得没有一条罪名是能成立的。现在又看见岳飞背上的"精忠报国"四个大字，他终于醒悟过来：岳飞是无辜的，不能再审理这个冤案了。他找到秦桧，建议终止审讯。

秦桧当然知道这是一个冤案，但他制造这个冤案的目的就是要杀害岳飞，是不可能终止审讯的。他对何铸说："这是皇上的意思，我们照办就是了！"

何铸无奈，立即辞去了审判官的职务。辞别时，何铸对秦桧说："我并不是站在岳飞一边说话，现在大敌当前，无缘无故地将功劳卓著的大将置于死地，前方将士会多么伤心，为国家长治久安着想，也不应该这么做。"秦桧哪里听得进去，便改派自己的心腹万俟卨为审判官。

万俟卨是一个奸诈小人。当初他曾在岳飞手下做过事，岳飞斥责过他的心术不正，他知道在岳飞手下难以升迁就投奔了秦桧，很快得到秦桧赏识，他接受审理岳飞的任务之后，认为泄私愤、求升迁的机会到了，便把一切卑鄙伎俩全都施展出来。

万俟卨给岳飞编造了一条又一条毫无根据的罪名，岳飞一条一条地据理加以驳斥。最后万俟卨气急败坏，开始使用酷刑。狱卒的刑棍一下一下地打在岳飞的脊背上，刻在他背上十八年的"精忠报国"四个大字都被打得模糊不清了。

岳飞有生以来第一次彻底明白了"欲加之罪，何患无辞"这句话的真正含义。他顿然醒悟了，也沉默了，任凭万俟卨如何施刑，他也不肯招认，也不再辩解。

在以后屡次的审讯中，尽管万俟卨用尽酷刑，也仍然无济于事。

于是万俟卨绞尽脑汁罗织了岳飞大量的"谋反罪行"：第一是岳飞与部将议事时扬言："国家今天景况不好，官家又不修德"，显然是攻击当朝皇帝；第二是岳飞曾扬言："我三十二岁就名扬天下，自古少有"，显然是对大宋江山怀有野心；第三是岳云曾致函张宪，要张宪设法把岳飞弄回军中来，意图谋反。

岳飞入狱，引起许多人的同情和愤怒。一个叫隗（wěi）顺的狱卒无微不至地关照着岳飞。另一位狱卒点化岳飞说："我一直认为岳飞是忠臣，今日一看，竟然是逆臣！"岳飞不明其意，一再追问。这位狱卒说："你精忠报国，功绩卓著，毫无不忠之处，却遭此残酷对待，你被释放之后，一定会感到冤屈而造反，一造反岂不成为逆臣？"这句话的意思是说，你的冤案要一冤到底，不可能留你的活命，应该早做打算。岳飞不知是否理解了狱卒的点化，但是，狱卒的话肯定触动了他的神经，他悲愤填膺，从此之后只求速死。

岳飞的冤案震动了朝野内外，正义之士纷纷上书营救。齐安郡王面见赵构，恳求释放岳飞，自愿以全家百余口人的性命做担保。进士智浃和布衣刘允升、范澄等分别上书高宗，为岳飞鸣冤。范澄明确指出，"将帅之间互相残杀，无异于为逆贼报仇"。参与审判岳飞案件的大理寺少卿薛仁辅和大理寺丞何彦猷、李若朴维护公道，力主保全岳飞的性命。

老将韩世忠为了躲避秦桧的迫害，早已退隐故里，几个

月来闭门谢客，绝口不言兵事，岳飞的冤案使他再也不能沉默了，他赶到临安当面质问秦桧："张俊的指控究竟哪一条是真的？为何要陷害他？"

秦桧模棱两可地回答说："莫须有。"韩世忠被这句话气得按捺不住，大声训斥道："只是'莫须有'三个字，这如何能向天下人交代？"然而，他的这些抗议都是徒劳的。

秦桧怕事态扩大，不好收场，要求迅速结案。万俟卨苦思冥想，反复比较，最后给岳飞安上了三条罪名。第一条，指示张宪谋反；第二条，淮西危急，坐视不救；第三条，污蔑高宗赵构不修德。这三条中的任何一条都能构成死罪。

当确定量刑时，李若朴等陪审官主张判处岳飞两年徒刑，万俟卨却坚决要将三人判处死刑，尽管李若朴等据理力争，但万俟卨坚决不听，定要置岳飞于死地。

在绍兴十一年（公元1141年）的十二月二十九日，万俟卨等通过秦桧，匆匆报上一个奏折，要将岳飞处斩。

高宗将大理寺的定案报告进行了修改。将岳飞的"斩刑"改为"赐死"（自杀），将岳云的判决由三年徒刑改判死刑，暴露出高宗对岳飞父子无比的仇恨心理。

当天，大理寺执法官秉承高宗、秦桧的命令，最后审讯了岳飞。只见他蓬头赤脚，浑身血迹，戴着沉重的镣铐走上堂来。执法官们二话不说，命他在供状上画押。

岳飞知道自己生命的最后时刻已到，心怀至忠，无法申辩，于是便从容地拿起笔来，在供状上写下八个大字：

"天日昭昭，天日昭昭。"

接着，岳飞接过狱卒手中的毒酒，一饮而尽。张宪、岳云当即绑赴刑场斩首。就在这一天，即农历除夕前一天，我国历史上的伟大民族英雄岳飞，在临安大理寺中遇害，时年三十九岁。岳云仅二十三岁。

✸ 公道在人心 ✸

岳飞死后，按规定，尸体应该埋在大理寺监狱的墙角下。一个好心的狱卒隗顺冒险背着岳飞的遗体，走出临安城西北的钱塘门，偷偷埋葬在九曲丛祠旁，坟前种两棵橘树，作为标记。坟前立了"贾宜人之墓"的假墓碑，以便日后岳飞的后人认尸改葬。

岳飞父子和张宪被害后，临安城内到处都有人为他们喊冤，不少人为此泣不成声，连妇孺幼童都痛骂秦桧。为了封住天下人之口，秦桧下令把岳飞的罪状写成告示，布告天下，以使人们承认岳飞死有余辜。但是，告示贴到哪里，哪里就出现一片咒骂秦桧之声。大街小巷写满了对秦桧等人的咒骂。人民通过各种形式的悼念活动，表达了对岳飞父子的深刻同情和对高宗、秦桧迫害忠臣的强烈怨恨。在岳飞死后好几十年，江、湖之地的百姓，依然家家户户张挂岳飞的遗像，民间还流传着很多歌颂他的故事。

北方中原人民在金朝统治下，不能公开祭奠岳飞忠魂，往往秘密地进行祭祀。

　　为了消除后患，秦桧又大兴冤狱，冤狱蔓及所有与岳飞有瓜葛的人。岳飞全家和张宪全家都被流放到边远地区；岳飞的贴身校官王敏求等都被除名；曾任岳飞谋士的李若虚等十三人都被贬官流放；曾经帮助岳飞联络太行义士的高颖也被流放；以全家性命为岳飞担保的齐安郡王被革除爵位，赶出临安；王处仁、蒋世雄被革职、流放；进士智浃被流放致死；李若朴、何铸先后被罢官；甚至连受过岳飞接济的宦官黄彦节也被视为岳飞的死党而遭逮捕。

　　总之，秦桧借岳飞之案大兴冤狱，不仅打击了岳飞的亲友，也扫除了一批坚决主张北伐的抗战派。

　　得知岳飞已死，金兀术非常高兴，立即批准了原先议定的宋金和约，派使者到临安签约，《和约》规定，金朝正式册封康王赵构为宋朝皇帝；宋向金称臣；金归还宋徽宗遗骸和赵构生母韦氏；宋金以西起大散关、东沿淮河中线为界；割让唐州、邓州、商州、泗州和尚原、方山原等地给金国；宋每年向金纳贡银二十五万两、绢二十五万匹。

　　秦桧残害忠良、报效金国的全部目的都已达到。同时他因迎合宋高宗赵构怯战求和的心理而取得信赖和重用，把持宰相职位十八年之久。直至他死去，宋廷才任命新的宰相。

　　最具讽刺意味的是岳飞的敌人对岳飞的赞扬。金国使者在临安曾质问秦桧："岳飞犯了什么罪而把他赐死？"

　　秦桧回答说："蓄意谋反，被部将告发。"

　　金国使者冷笑着说："你们宋朝只有一个岳飞善于用兵，而且他忠君报国。但是你们对待岳飞，就像当年项羽对待范增那样，这是你们失败的原因。"这是对赵构和秦桧的

绝妙讽刺。

岳飞之死引起了朝野上下无数的同情。但是，悲愤的人们明白，只要宋高宗在位，只要秦桧当权，为岳飞鸣冤平反都会掉脑袋的。因此许多人沉默了。在秦桧死前的十余年中，几乎找不到公开为岳飞鸣冤的记载。等到秦桧一死，情况就发生了变化。

1155年，岳飞遇害后十四年，秦桧病死，从这时起，为岳飞平反的声音又响起来。为了平息舆论，赵构临退位前下达诏令，解除对岳飞遗属的处罚，允许他们离开流放地自由选择生活地点，但绝口不提为岳飞平反的事。

岳飞死后二十多年，绍兴三十二年六月，宋孝宗继位，孝宗曾目睹岳飞含冤而死，为了顺应民心，坐牢皇位，便接受了太学生程宏图"昭雪岳飞之罪"的奏请，七月便颁发了复官命令，为岳飞平反，恢复名誉。

后来朝廷下令寻找岳飞的遗体，并按隆重的葬礼，将岳飞遗骨迁葬于西湖边的栖霞岭下，即今日杭州岳墓所在地。隆兴二年（1164年）赐智果院力褒忠衍福寺，即为今日岳王庙前身。宋孝宗还下令在鄂州给岳飞建"忠烈庙"，后又追加谥（shì）号为"武穆"。

1103年 出生于汤阴。

1113年 从师习武。

1117年 居家务农与自学。

1118年 娶妻。

1120年 长子岳云出生。

1122年 应募为"敢战士",从军征辽。父卒,还乡守丧。

1124年 第二次从军,投河东路平定军。

1126年 提升为偏校,授予"进义副尉"官阶。后因丢失"告身"回乡。冬十二月,第三次从军相州大元帅府。

1127年 七月,上书反对京师南迁,被革职归田里。回乡中途,第四次从军,投河北招抚司,为招抚使张所破格提拔为统制官。九月,随都统制王彦渡黄河抗金。

1128年 因擅自离开王彦部,触犯军纪,为宗泽开释,任以"踏白使"立功赎罪。汜水关一仗获胜,被提拔为统制官。

1129年 在汴京南薰门大破叛军王善,转武经大夫。随杜充至建康。建康失守后,退兵于广德、溧阳等地,克复溧阳。

1130年 屯兵宜兴。收复建康,升通泰镇抚使。

1131年 讨流寇李成、张用。升为神武右副军统制。屯驻洪州。

1132年 平游寇曹成,移屯江州,授中卫大夫、武安军承宣使,仍任神武副军都统制军职。

1133年 七月,平息江西吉、虔二州农民起义。九月,应召赴行在。高宗赐"精忠岳飞"锦旗。为江南西路舒蕲州制置使,置司江州。神武副军改为神武后军,岳飞任神武后军统制。作《满江红》词。

1134年 第一次北伐,收复襄阳六郡。除清远军节度使、湖北路、荆、襄、潭州制置使,封武昌县开国子。屯驻鄂州。

1135年 奉高宗命镇压湖南钟相、杨幺起义。为神武后军都统制,进封开国公。还军鄂州。

1136年 第二次北伐,长驱伊、洛。任湖北京西路宣抚副使兼宣抚河东、节制河北路。母姚氏卒，葬庐山。以目疾乞解军务。

1137年 拜太尉，升湖北、京西路宣抚使，兼营田大使。为淮西并兵事与高宗公开冲突，弃军怒上庐山。

1138年 反对高宗、秦桧对金妥协议和。枢密副使王庶视师江、淮，岳飞遗书王庶说："今岁若不举兵，当纳节请闲。"秋，应召赴临安行在入觐。岳正面斥秦桧："金人不可信，和好不可恃，相臣谋国不臧，恐贻后世讥。"

1139年 上《谢讲和赦表》，强烈反对《绍兴和议》。四次上章力辞"开府仪同三司（从一品官）"，高宗不许。

1140年 金毁盟南侵。岳飞麾师大举北伐中原，取得郾城一颍昌大捷，收复蔡、陈、郑州，以及西京等大片失地，进军朱仙镇，直指金军大本营——汴京。七月底，被高宗、秦桧以十二道金牌强令班师。

1141年 改为枢密副使，解除湖北、京西路宣抚使之职，赴临安枢密院任事。冬十月，被张俊、秦桧等诬告"谋反"，投入大理寺狱。农历除夕前一夜，为高宗赐死于大理寺。岳云、张宪同遇难。

1162年 死后二十年 孝宗颁布《追复指挥》，下令为岳飞"追复元官，以礼改葬，访求其后，特与录用"。岳飞冤案得到昭雪。